大展好書　好書大展
品嘗好書　冠群可期

大展好書　好書大展
品嘗好書　冠群可期

老拳譜新編 10

太極拳術的理論與實際

黃壽宸 著

大展出版社有限公司

策劃人語

本叢書重新編排的目的，旨在供各界武術愛好者鑑賞、研習和參考，以達弘揚國術，保存國粹，俾後學者不失眞傳而已。

原書大多為中華民國時期的刊本，作者皆為各武術學派的嫡系傳人。他們遵從前人苦心孤詣遺留之術，恐久而湮沒，故集數十年習武之心得，公之於世。叢書內容豐富，樹義精當，文字淺顯，解釋詳明，並且附有動作圖片，實乃學習者空前之佳本。

原書有一些塗抹之處，並不完全正確，恐為收藏者之筆墨。因為著墨甚深，不易恢復原狀，並且尚有部分參考價值，故暫存其舊。另有個別字，疑為錯誤，因存其眞，未敢遽改。我們只對有些顯著的錯誤之處，做了一些修改的工作；對缺少目錄和編排不當的部分原版本，我們根據內容進行了加工、調整，使其更具合理性和可讀性。有個別原始版本，由於出版時間較早，保存時間長，存在殘頁和短頁的現象，雖經多方努力，仍沒有辦法補全，所幸者，就全書的整體而言，其收藏、參考、學習價值並沒有受到太大的影響。希望有收藏完整者鼎力補全，以裨益當世和後學，使我中華優秀傳統文化承傳不息。

為了更加方便廣大武術愛好者對古拳譜叢書的研究和閱讀，我們對叢書作了一些改進，並根據現代人的閱讀習慣，嘗試著做了斷句，以便於閱讀。

由於我們水平有限，失誤和疏漏之處在所難免，敬請讀者予以諒解。

序言

十年前的一個初春的早晨，太陽還沒有上山，風拂拂的夾著一陣陣寒意，吹到那嫩綠枝頭上的鳥兒，發出一聲聲的吱吱；園圃裏的小草花兒默默地搖擺著身軀，或密密地頻點著低頭。泥地上一塊綠一塊黃的被寥寥的幾個遊人在用漫步撫踏著。在這個占地三十多畝公園的西北角裏，我正在與幾個「拳朋友」幽靜地練習著太極拳的推手。我們貫注著全副精神，在盤運著四肢身軀。環境的優美，並沒有吸引去我們的注意力。這地方是我們每天必到的。若逢下雨飄雪的時候，活動的場地是搬到了公園裏的茅亭中。初時不過四、五人，到後來逐漸的有十幾個人。那時我因為工作比較的清閒，每日最多有三、四次練拳的機會。第一次是早晨五時開始，第二次是午睡以後，第三次是晚睡以前。有時同伴來訪了，再來一次。

有一次正在練拳的時候，我忽然感覺到兩臂的轉動，由手指起到脊骨，中間好像有一股水流在循環的流轉著。水流所到之處，便有無限的陰涼之感。一呼一吸，靜靜的可以計數。心境的平靜舒適，眞是有說不出的愉快。當時很覺奇怪，到後來，我想這一定是因為心境極靜及淨化以後，甚至體內的血流，都可以感覺到。而動作的柔和舒鬆，一無絲毫的壓制作用。這樣的解釋，不知道合理否。

在公園裏練拳的時期，大概有三年光景。後來因遷居了幾次，練拳的地方也換了好幾次。不過從未間斷過。直到抗戰期中我因旅行各地時，不免時斷時續。但也沒有長時間的停頓過。抗戰勝利以後，生活日艱，瞻望國家前途，心中不免常感感。去年因為職務的關係，長年山

居。此間前臨大江，背倚重山，風景美麗，正是練拳的勝地。退居之暇，常翻閱十多年來所收集有關太極拳術的資料。有一次在無意中碰到了幾個舊日的「拳朋友」，他們殷殷的以拳功相問，並且要求我根據經驗及學理，寫一本關於太極拳的書籍。因為這種書現在很感缺乏，但練太極拳的人，已日益增多，苦少參考的資料。後來他們又幾次的寫信來督促。因此，勉為草成本書，以餉同好。本書之作，其經過如此。

現在將對於本書須加說明的幾點，寫在下面：

㈠其他有關太極拳的著作，都附有各種拳式的圖解及說明，考究的更附有照片。

據說這是可以「按圖索驥」，作為自修的教本。我則以為初學的人，必須要「口授親傳」，否則便極難學好。即就各種圖解而論，所說明的如何轉身伸手換步以及變換進退種種，說了半天，仍舊很難使人明瞭它的轉動方式，常致弄得莫名其妙，就使看懂了而依樣畫葫蘆，也必不成其為「拳式」。何況太極拳的拳式是節節貫串，更難說得清楚，而使自修的人可以無師自通的。除非是已經稍稍學會了的人，利用這種圖解書，對照自己的姿勢，作為修正的參考，才可稍稍有用。太極拳是重「意」，歷來便有各種不同的拳式，人各相異，誰優誰拙，便很難說。本書所以不用「圖解」的理由在此。並且凡圖解各書，大概著重的已在圖解，對於許多重要的拳術理論，便都忽略了，使初學的人仍舊得不到好處。有許多書中則運用幾句「術語」，掉來掉去，更非初學的人所能懂得。太極拳是重「用意」，對理論的瞭解，便很重要。本書所以著重理論的理由在此。

㈡ 本書在寫作的時候，抱定以「內容要科學化，通俗化；文字要明白而淺顯；要以新理論來解釋舊道理；對前人的精華要加以吸收」為原則，所以寫起來不十分容易，有時就不免太囉唆了。同時為了要使學習太極拳的人，在讀本書時可以獲得有關之各方面的知識，又不得不詳細一些。本書內包括有哲學、藝術、歷史、生理學、心理學、衛生學、醫學、力學及運動原理等種種學問。在直接引證或參考其他各種書籍時，便隨時隨處加以注明，以備讀者作進一步的研究之用。

(三)作者是一個「業餘的」太極拳的學習者，對太極拳的知識自覺有限得很，功夫更覺欠缺。有一次蒙田兆麟先生教授推手的方法，一不留神，便覺不支。可見太極拳技擊的運用巧妙，尤其在功夫的深淺。不過十餘年來雖因生活的關係，奔波勞頓，但身體健強，精神極好。我已得到太極拳的無限的益處。現在就將它介紹給讀者各位。

(四)本書的編制，共分五章：第一章「緒論」，只是一種「引言」，將太極拳的神秘煙幕給以打開，認為太極拳只是運動的一種。第

二章「太極拳之健身的理論」，將太極拳健身的功效，加以科學上的根據；同時為使讀者多瞭解一些身心生理衛生的常識，占去了不少篇幅。第三章「太極拳之技擊的理論」，提出幾點太極拳技擊的原則，加以研究。第四章「太極拳之鍛鍊的方法」，根據筆者過去練拳的經驗，提供各種方法，供學習者的參考。第五章「結論」，為解答有些人以為太極拳是唯心論的等哲學上的問題，我卻以為太極拳可以比作一種藝術；又根據武術之史的演進，我提出太極拳是否還有應該改進的地方，使達到十全十美的地步。最後我以為學習太極拳要做到「知行合一」。本書各章自成段落，各章之中有節，節中更分各點，點中更分各小點，使閱讀時較為方便。又讀者可以就所希望知道的任意先加選讀，並無妨礙。若在第一章緒論之後，先選讀第四章太極拳之鍛鍊的方法，則閱讀其他各章時，尤覺便利。

(五) 本書對古有太極拳論、太極拳解、行功心解、總勢歌訣及推手歌訣等，在第一章附錄中全篇附入，以備參考。而在以下各章內的說明中，常也多加引證，所以讀者不能忽略了而不看。若有不甚瞭解之處，要以讀完本書後，再細看一番，便可迎刃而解。此外又遇某些資料，讀者不無參考的價值，也在附錄中加以摘錄，且註明其來歷。

(六) 本書成於倉促，錯誤、疏忽及不妥之處，必不能免。作者願意接受各方善意的指正，先此謝謝（通訊處：上海四川南路七號黃壽宸會計師事務所）。

三十六年七月三十一日於武林

太極拳術的理論與實際 目次

第一章 緒 論

第一節 太極拳是運動的一種

到今日，大家都已知道運動的重要。但是仍有不少人誤解了運動的意義。

(1)、認為運動只是指那些從外國人地方學得來的踢足球、拍籃球、打網球、跳高跳遠、擲鐵餅、擲鐵球以及幾百公尺幾千公尺賽跑等。中國古來的各種「武當」、「少林」拳法，神秘性非常濃厚，好像不是平常運動的一種。前者的目的在準備開運動會時表演，而後者的目的在準備做「風塵俠客」或「英雄好漢」。

(2)、因此認為運動只是一種奢侈。外國的各種運動必定要各種場地及器具的設備，已非普通人所得能享受的。中國古來的各種拳法，今日好像「嫡傳」者漸少，而普通人為著生活的重擔，已無心要學一套武藝在身，何況「拜師傅」也不容易。

其實，人類為動物的一種；運動只是人類的一種天性，人是不能不有所運動的。但是為著社會生活環境的關係，有許多人漸漸地失去了他們所必需有的運動，以致對於身體的健康發生障礙。於是才有各種運動方法的創造，使提高運動的興趣，並使可能做有益的運動。並且運動不只限於西洋的球類及其他，平日勞動者工作時的手足也正在運動著，而散步即是一種最溫和的運動。中國人歡喜神秘，不愧是世界上的古國；將最最平常的運動方法，玄而又玄，「參合陰陽，神而明之」的，弄得「怪誕不經」，教授法又神秘，「只可以意會而不可以言傳」，「知其然，不知其所以然」，所以古來的各種「硬」、「軟」拳法，大家無不另眼看待；對於「耍拳術」者也莫測高深的另眼相看。說穿了，都只是運動的一種。

第二節　太極拳的史話

太極拳的名字看來已相當的神秘。若就「太極」的圖形去瞭解太極拳，取其動作都是圓形且有虛實的。但是若就《易經》（中國第一部難懂的經書）中的「無極而太極而陰陽而五行而八卦」的說法，那也不能不「意會」了。話說太極拳創自宋末張三豐，離現在差近千年光景。張氏「生有異質，龜形鶴骨，大耳圓目，身長七尺餘」，本來是一個讀書人，「善書畫，工詩詞」，後來入山做道人，專攻武藝，曾經「一人殺金兵五百餘」。一日，因見窗外一條蛇與一隻鶴相爭，鶴雖長有利喙，但蛇運用其委曲盤旋躲避的動作，結果使鶴一無辦法可取勝。張氏參悟此中道理，後創演太極的拳法，注重內功的修養，動作要圓、柔、慢、勻及貫串，並且主張「以柔克剛」及「以弱勝強」，與前此注重外功的「少林」拳派，適成相對。張氏曾在武當山修道，故也叫做「武當」拳派。少林尊達摩（北魏時的天竺僧）為祖師，武當尊張氏為祖師。這便是中國拳法「內外」「硬軟」「南北」的二大派。

此類關於中國拳法之道聽塗說的故事，正多得很。太極拳也據說在唐代已有，那麼張三豐只是一個能手而已。元時（也有說清初）有王宗岳，著有太極拳論、太極拳解、行功心解、總勢歌、推手歌等，據說能得張氏的真傳，很有些功夫。流傳到今日的，除許多「怪誕不經」的傳說之外，學太極拳的人常取王氏的論著來「意會」，希望有所心得。在歷史上是否真有張氏王氏其人，是否生在宋末元初，是否本領超越，是否有論著流傳，一者中國歷史所著重的是正統，這些「左道邪術」只是小說家之言，說者說之，是否可靠便很難考證。二者拳術所著重的是本身的理論與實踐，並且向來武人輕視書本，何況中國拳法不輕易教人，只限於師徒之間；一旦中斷，便無法流傳下去。三者古來一道及拳法，便牽連到許多誇大無稽之畫蛇添足的話，弄得神秘非常。否則好像將不成其為中國的拳法了。

學拳要先研究拳理，這不是中國的傳統，而已是科學的方法。太極拳到今日雖然「名家輩出」，但派系依然；近人關於太極拳的著作雖然「不乏佳篇」，但多「意會」「因循」之作，所以依然不脫神秘的氣氛。我們應該用現代的眼光來學習太極拳，用科學的方法來研究太極拳的理論，打破虛玄及神秘的籠罩，吸收前人的精華，加以新的估價及認識。

附錄

歷史上關於太極拳方面的文獻，搜集不易，恐怕也不很多。王宗岳所著各篇，是否為全璧，是否為偽託，已難細考。但是就其內容而說，於太極拳術的各方面都有精警的言論；雖然文字不多，而已概括無餘。近人即多奉為「拳經」，並且常藉之演釋成書。這雖然只可算是王著的註解，並無創作可言；但對於太極拳的學習者，不無相當的益處，本書內也將多加引證。為便利讀者參考起見，特將各篇附錄於下，以見一斑。

㈠、太極拳論

未有天地以前，太空無窮之中，渾然一氣，乃為無極。無極而太極。太極者，天地之根荄，萬物之原始也。太極拳者，一舉動，周身俱

要輕靈，尤要貫串。氣宜鼓盪，神宜內斂。無使有缺陷處，無使有凸凹處，無使有斷續處。其根在腳，發於腿，主宰於腰，形於手指。由腳而腿而腰，總須完整一氣。向前退後，乃能得機得勢。若有不得機得勢處，身便散亂。其病必於腰腿間求之。上下前後左右皆然。凡此皆是在意，不在外面而在內也。有上即有下，有前即有後，有左即有右，如意要向上即寓下意。若將物掀起而加以挫之之意。斯其根自斷，乃攘之速之而無疑。虛實宜分清楚。一處自有一處虛實，處處總此一虛實。週身節節貫串，無令絲毫間斷耳（原註云：此係武當山張三豐老師遺論，欲天下豪傑延年益壽，不徒作武藝之末也）。

㈡、太極拳解

太極者，無極而生；動靜之極，陰陽之母也。動之則分，靜之則合。無過不及，隨曲就伸。人剛我柔謂之走，我順人背謂之黏。動急則急應，動緩則緩隨。雖變化萬端，而理唯一貫。由著熟而漸悟懂勁，由懂勁而階及神明。然非用功之久，不能豁然貫通焉。虛領頂勁，氣沉丹田。不偏不倚，忽隱忽現。左重則右虛，右重則左虛。仰之則彌高，俯之則彌深。近之則愈長，退之則愈促。一羽不能加，蠅蟲不能落。人不知我，我獨知人。英雄所向無敵，蓋皆由此而及也。斯技旁門甚多，雖勢有區別，概不外乎壯欺弱，慢讓快耳。有力打無力，手慢讓手快，是皆先天自然之能，非關學力而有所為也。察四兩撥千斤之句，顯非力勝。觀耄耋能禦眾之形，快何能為？立如平準，活似車輪。偏沉則隨，雙重則滯。每見數年純功不能運化者，皆自為人制，卒不能制人，則雙重之病未悟耳。欲避此病，須知陰陽。黏即是走，走即是黏。陰不離陽，陽不離陰，陰陽相濟，方為懂勁。懂勁後，愈練愈精，默識揣摩，漸至從心所欲。本是捨己從人，多誤捨近求遠。所謂差之毫釐，謬以千里，學者不可不詳辨焉。

長拳者，如長江大海滔滔不絕也。十三勢者：掤攦擠按採挒肘靠，此八卦也；進步退步左顧右盼中定，此五行也。合而言之：十三勢，掤攦擠按即坎離震兌，四方也；採挒肘靠即乾艮巽坤，四斜角也；進退顧盼定，即金木水火土也。

㈢、十三勢行功心解

以心行氣，務令沉著，乃能收斂入骨。以氣運身，務令順遂，乃能便利從心。精神能提得起，則無遲重之虞，所謂頂頭懸也。意氣須換得靈，乃有圓活之趣，所謂變化虛實是也。發勁須沉著鬆靜，專注一方。立身須中正安舒，支撐八面。行氣如九曲珠，無微不到。運勁如百鍊鋼，無堅不摧。形如搏鳥之鶚，神如捕鼠之貓。靜如山岳，動如江河。蓄勁如開弓，發勁如放箭。曲中求直，蓄而後發。力由脊發，步隨身換。收即是放，放即是收，斷而復連。往復須有折疊，進退須有轉換。極柔軟然後極堅硬，能呼吸然後能靈活。氣以直養而無害，勁以曲蓄而有餘。心為令，氣為旗，腰為纛。先求開展，後求緊湊，方臻於縝密也。

又曰：先在心，後在身，腹鬆淨，氣斂入骨髓。神舒體靜，刻刻在心。切記一動無有不動，一靜無有不靜。牽動往來，氣貼背，斂入脊骨。內固精神，外示安逸。邁步如貓行，運勁如抽絲。全身意在精神，不在氣；在氣則滯。有氣者無力，無氣者純剛。氣若車輪，腰若車軸也。

㈣、十三勢歌訣

十三總勢莫輕視，命意源頭在腰胯。
變轉虛實須留意，氣遍身軀不少滯。
靜中觸動動猶靜，因敵變化示神奇。
勢勢存心揆用意，得來不覺費工夫。
刻刻留心在腰間，腹內鬆淨氣騰然。
尾閭中正神貫頂，滿身輕利頂頭懸。
仔細留心向推求，屈伸開合聽自由。
入門引路須口授，功夫無息法自修。
若言體用何為準，意氣君來骨肉臣。
想推用意終何在，益壽延年不老春。

歌兮歌兮百四十，字字真切義無遺。
若不向此推求去，枉貫功夫貽嘆惜。

(五)、推手歌訣

掤攌擠按須認真，上下相隨人難進。
任他巨力來打我，牽動四兩撥千斤。
引入落空合即出，粘連黏隨不丟頂。

(六)、張三豐傳

張三豐名通，字君寶，遼陽人，元季儒者。善書畫，工詩詞，中統元年，曾舉茂才異等。任中山博陵令，慕葛稚川之為人，遂絕意仕進。遊寶雞山中，有三山峰，挺秀蒼潤可喜，因號三豐子。世之傳三豐先生者，不下十數，均未言其善拳術。洪武初，召之入朝，路阻武當。夜夢「玄武大帝」授以拳法，且以破賊，故名其拳曰「武當派」，或曰「內家拳」。內家者，儒家之意，所以別於方外也。又因八門五步，為此拳中之要訣，故名十三式，言十三法也。後世誤解以為姿勢之勢，則謬矣。傳張松溪、張翠山。先是宋遠橋，與俞蓮舟、俞岱岩、張松溪、張翠山、殷利亨、莫谷聲等七人為友，往來金陵之地。尋同往武當山，訪夫子李先生不遇；適經玉虛宮，晤三豐先生，七人共拜之。耳提面命者，月餘而歸。自後不絕往拜。由是而觀，七人均曾師事三豐；唯張松溪、張翠山，傳者名十三式耳。

或曰：三豐係宋徽宗時人，值金人入寇，彼以一人殺金兵五百餘。山陝人民慕其勇，從學者數十百人，因傳技於陝西。元世祖時，有西安人王宗岳者，得其真傳，名聞海內。著有太極拳論、太極拳解、行功心解、搭手歌、總勢歌等。溫州陳同曾多從之學，由是山陝而傳於浙東。又百餘年，有海鹽張松溪者，在派中最為著名，見《寧波府志》。後傳其技於寧波葉繼美近泉，近泉傳王征南來咸，清順治中人。征南為人勇而有義，在明季可稱獨步。黃宗羲最重征南，其事蹟見遊俠逸聞錄。征南死時，曾為墓誌銘。黃百家主一，為傳內家拳法，有六路長拳、十段錦等歌訣。征南之後，又百年，始有甘鳳池。此皆為南派人士。

其北派所傳者，由王宗岳傳河南蔣發，蔣發傳河南懷慶府陳家溝陳長興，其人立身常中正不倚，形若木雞，人因稱之為「牌位先生」。子二人，曰耿信，曰紀信。時有楊露禪先生福魁者，直隸廣平永年縣人，聞其名，因與同里李伯魁共往師焉。初至時，同學者除二人外，皆陳姓，頗異視之。二人因互相結納，盡心研究，常徹夜不眠。「牌位先生」見楊之勤學，遂盡傳其秘，楊歸傳其術遍鄉里，俗稱為「軟拳」，

或曰「化拳」，因其能避制強硬之力也。嗣楊遊京師，客諸府邸，清親貴王貝勒多從受業焉。旋為旗官武術教師。有三子，長名錡早亡，次名鈺字班侯，三名鑑字健侯，亦曰鏡湖，皆獲盛名。余從鏡湖先生遊有年，諗其家世。有子三人，長曰兆熊字夢祥，仲名兆元早亡，叔名兆清字澄甫。班侯子一，名兆鵬，務農於鄉里。當露禪先生充旗營教師時，得其傳者蓋三人，萬春、凌山、全佑是也。一勁剛，一善發人，一善柔化。或謂三人各得先生之一體，有筋骨皮之分。旋從先生命，均拜班侯先生之門，稱弟子之。有宋書銘者，自云宋遠橋後，久客項城幕，精易理，善太極拳術，頗有發明。與余素善，日夕過從，獲益匪鮮。本社教員紀子修、吳鑒泉、劉恩緩、劉采臣、姜殿臣等，多受業焉。

（本篇錄自黃元秀《太極拳要義》，據該書註，此文為北平太極拳社許禹生先生所作。文中於太極拳的「源流」從張三豐起以迄近代名

家，都有很扼要的敘述。）

第三節　我爲什麼學太極拳

「健全的精神，寓於健全的身體；有一分精神，做一分事業。」我學習太極拳的目的，不是因為太極拳可以打人無算，拳功高人一等；我學拳的目的，是使身體有相當的運動。一個健康的身體必須有適當的運動，運動可使身體壯強；身體壯強，精神充足，才可為自己為社會建立事業。處此生存競爭的時代，我們尤不能忽視了自己的身體。我們要每日運動，使自己鍛鍊成「銅筋鐵骨」才好。

在學校裏的時候，還有師長的督促及指導，我們做著各種所謂西洋化的運動如球類及田徑賽等。但一旦離開了學校，社會上既無運動的設備及環境，也就不可能再有機會去練習；而跟著年齡及事務的增加，也已減少了興趣。但是一拳在身，隨時隨處，一人或多人，都可以鍛鍊。太極拳的動作是這樣的柔和優美，一切任其自然，中間虛實的變化，最富推求的趣味。它不要用力，使四肢內臟鬆開，由意識來領導動作。它的理論深奧也極明顯。只要我們肯恒心及虛心地學習，它非但可以使身體健康，並且啟發我們的智慧。到了相當的功夫以後，我們也就會捨它不掉的了。

練太極拳到相當的程度，會自覺到一種說不出的愉快、輕鬆、舒適的境界。在練拳的時候，全身鬆開，順乎自然，渾圓流利，呼吸舒順，心中空空洞洞，一無思慮。如莊周之夢蝶，人蝶不分。練完之後，自己會練與否，也不自覺。不但自己如此，旁觀的人也不覺心平氣和，與之俱化。所以它要身體力行，著重平日的鍛鍊，但必須明白理論，才可事半功倍。

太極拳可以醫治許多慢性的疾病，如肺病、胃病、心臟病、腎臟病、神經衰弱病以及遺精、早洩、陰萎等。不論是老小、男女、病與不病的人，都可以學習。身體衰弱的人，與其亂吃補藥，不如恒心地學習太極拳，立可見效。凡脾氣暴躁，心神不定，優柔寡斷，意氣消沉，以及膽小如鼠，動作粗魯的人，都可以由於太極拳的陶養而轉移脾氣及性情。太極拳可以延年益壽，它更可以增加我們對人生的樂趣。

第二章　太極拳之健身的理論

第一節　運動的重要

一、要運動得法

運動可以健身。但不是所有的運動都可以健身，有的運動只是勞身，有的運動也會傷身，有的運動不但可以增進身體健康，並且可以暢活精神，啟發智慧。在這裏，發生了兩個問題：一是運動怎樣可以健身；二是我們需要理想的運動。中國古話說：「戶樞不蠹，流水不腐」，戶樞因為不停地「動」了所以不蠹，流水因為日夜的「動」了所

以不腐。但就平日我們所看見的事實，黃包車夫每日不停地跑腿，結果往往早死；有許多身體魁梧的運動家，中途便夭折了。所以「動了」，是要動得得法；否則反而有損身體。「多動勞身，多慮勞神」，所以要適當的運動，才可以健身。

二、人身是一個有機體

我們且先來考察一下人體之生理的現象，用以明瞭運動怎樣可以使身體健康，及什麼是我們需要的理想的運動。

我們的身體大別之可分為頭顱、軀幹及四肢三部，外覆皮膚，骨骼造成人體的間架；中間襯著肌肉及脂肪，神經與血管構成交通網，分佈全身。胸腹腔中藏有肺、心、胃、腸、脾、胰、肝、腎等內臟及生殖器。各部的構造以細胞為單位，集細胞而成組織，集組織而成器官，更集合許多生理作用上相同而有連貫的器官而成系統。

如骨骼及肌肉，集而為運動系統，營運動的生理；鼻、喉、氣管、支氣管及肺，集而為呼吸系統，營呼吸的生理；心臟及大小血管，集而為循環系統，營血行循環的生理；口腔、咽頭、食道、胃及腸等，集而為消化系統，司消化，營補充營養的生理；腎臟、輸尿管及膀胱等，以及皮膚的出汗作用，集而為排泄系統，司排泄，營排除廢物的生理。眼司視覺，耳司聽覺，皮膚司觸覺，舌司味覺，鼻的嗅部司嗅覺，這叫做五官器。腦神經系統是集大小腦、延髓、脊髓及各種神經而成，司知覺，並能想像、記憶及思考等。還有生殖系統，則因男女性別而不同，負著延續種族的重大使命。至於身體內的各種內分泌腺，屬於一種化學的體內產物，混於血液之中，可以引起一定器官的作用及興奮。

由於身體內以上各機構之繼續的活動及相互的分工合作，我們每日

攝取了許多的食物，包括蛋白質、脂肪、碳水化合物、水、無機鹽及維生素（維他命），並且吸取了新鮮的空氣（氧），中間經過消化、吸收、呼吸、循環、新陳代謝及排泄等幾種生理的作用，使身體得到營養與發育，以維持生命的繼續，以加強生活的機能。倘若其中一有反常的現象，整個身體的作用便將受到影響，以至於發生各種變態，這就是疾病。同時我們生活在自然界中，在社會裏，還有其他許多複雜的活動，這包括身體對環境的適應及創造，所以須有運動、感應、知覺、思考的機能。人之所以為「萬物之靈」，便在於此了。

三、運動可以健身

現在再回到運動健身的問題。運動怎樣可以健身？運動的作用可以促進身體的生活機能，它使身體的發展趨向於正常，它使身體對外界種種刺激的抵抗力更為健強。運動的益處，約有下列幾種：

1. 運動可以保持並發展身體的正常姿勢。
2. 運動可以壯強骨骼及肌肉。
3. 運動可以使呼吸作用加強。
4. 運動可以使血流的循環暢活。
5. 運動可以幫助消化作用。
6. 運動可以促進內分泌的作用。
7. 運動可以旺盛新陳代謝。
8. 運動可以加速排泄汙物。
9. 運動可以使感官靈敏及動作活潑。
10. 運動可以增加疾病的抵抗力。
11. 運動可以激發心緒及磨礪思考。

12.運動可以增加身體的健美及引起人生的樂趣。

第二節　需要理想的運動

一、何謂理想的運動

運動的方法很多，但有的太劇烈，有的太兇猛，有的太簡單而缺乏趣味，有的太複雜而學習不容易，都不是普通人所適宜的。例如西洋化運動中的踢足球、西洋拳擊、跳高及跳遠等都不是中年人所適宜的運動。中國少林拳的學習者必須身體不是太衰弱的或患病的人；否則容易受傷或加重病患。八段錦的運動雖可「舒長筋骨，活動氣血」，但只一人就原地單獨練習，動作簡單，並沒有技擊的實用，好像缺乏深長的趣味。所謂理想的運動，應該包括兩重意義：

(1)這運動是全身的運動，它可強健身體的各部分，並且它是人人可學習的運動；

(2)這運動有濃厚的趣味，否則學習者必缺乏興趣，半途而廢，有始無終。

二、人體臟器的三種特性

原來人體各臟器除了它本身的職責與作用以外，先天的還具有下列三項特性或本能（林鏡平太極拳在生理學上之研究）：

(1)人體各臟器若加以適宜的使用，則其機能愈益向上發達，其外形也逐漸肥大，這叫做能動性肥大。如黃包車夫的大腿，挑夫的闊肩。

(2)各臟器若廢置不用，則其機能衰退，外形也逐漸瘦削，這叫做廢用性萎縮。如深閨仕女的纖手，靜坐工作者的瘦腿。

(3)若使用過度，其機能反衰退，外形也瘦削，這叫做過勞性萎縮。如工廠中童女工日夜勞作，不得休養，每多面黃肌瘦，發育不全；日夜跑路的黃包車夫，勞動過度，每多夭折或容易生病。

三、太極拳是理想運動的一種

所以理想的運動應該是全身平衡的運動，它使身體各部分都有適宜的發展，不致廢置而不用，也不致使用而過度，並且趣味十分濃厚；非但人人可得而學之，並且人人樂乎學習。太極拳便是理想運動的一種，因為它是符合於運動的理想。這在理論上可以說得通，這在實踐上已經有許多人（我當然是其中之一）可以證明。

太極拳是一種理想的運動，因為太極拳的動作是自然的開展，它著重身體的正常姿勢，行動舒鬆、柔和而緩慢，血流可以暢活，呼吸可以深長，它要意識與動作合一，心身並修。它非但可以健身，並且可以技擊。它可以一人單獨的練架子，也可以二人伴同練推手。太極拳功夫深的人，盤旋於幾個「武夫」之間，簡直不算一會事兒。

第三節　太極拳運動與身體的健康

一、人體生理現象的三種狀態

人體的各部分臟器及其生活機能，一切正常地活動著，並且保持相當的完整，這是人體的正常狀態。倘若體內某一臟器或許多臟器，一有反常及阻礙的現象，這就成為人體的病態。病態有為一時性的，即可因治療的結果而復原的；有為永久性的，是為治療方法所不能復原的，如一肢體的損折，或某臟器之一部分的剔除（為將一側睪丸廢除，卵巢廢除，腎臟廢除，眼球廢除，上下肢離斷等），而不能再生。在這兩者之間，還有種種慢性疾病，經時雖久，仍可希望治癒的。不過有的雖然官能仍舊，但形態已變。例如生肺病的人治癒後，官能復原，但肺上已結疤；又如生天花的人治癒後，官能復原，但顏面上已痲疤點點。有的在表面上病似治癒，但其病毒仍多少地潛伏著，到了相當時期，還要發生變化。例如生梅毒的人在第一或第二期症候治癒後，經過若干年月，仍舊發生第三期象皮病。

人體的生理現象，除上述㈠正常狀態及㈡病態以外，還有㈢健強狀態，共三種狀態。怎樣算是健強狀態？它的現象是不難加以確定，但其範圍就漫無限制。因為身體的健強可因保攝及鍛鍊情形的不同而程度互有差別。凡人體各臟器的官能，比較正常狀態為發展，比較能夠耐勞與持久，或負重力比較大的，都可說是健強。

例如有年齡及體重相同的兩個人，一則能舉重百斤，一則能舉重二百斤，則後者即較前者為健強。總之健康的人，他對於外界種種刺激的抵抗力必較強盛。正常狀態的人，可因修養及鍛鍊而達到健康；而病態的人也可以逐漸養成正常，轉到健強。反之，本屬鍛鍊達到健強的人，也可因修養的失當，由健強轉於正常，或竟陷於病態。

所以，我們每天除因身體生理上的需要，攝取各種營養料，使身體有相當的供給以外，還需要有相當的運動，以促新陳代謝機能的增進，以達到身體的健強狀態。

二、太極拳運動怎樣使身體各部分健康

運動可以健身，因為運動可以加強生活機能；但運動怎樣可以加強生活機能？太極拳是一種理想的運動，因為太極拳是全身平衡的運動；

但太極拳怎樣使全身得到平衡的運動？

以上我們已經一一地說到了「知其然」，以下我們還要研究它們的「所以然」。為使學習者在練拳時多瞭解一些人體的生理知識起見，現將太極拳運動與身體健康的關係，根據沙古山編著《國術與健康》內的國術與人體各器官的健康，分開下列各節來分析與討論。

1. 太極拳與骨骼的健康

(1)骨骼是人體的支架

骨骼為人體的支架，因其固有的堅硬特性，一以維持身體的形態，二以衛護體內的重要臟器；復能忍耐體重的壓力，以保持身體於不墜。總計人體內的骨骼，有大小二百餘枚，各以關節相聯；就位置的不同，可分為四部：頭骨、頸骨、軀幹骨及四肢骨。

①頭骨各相縫合而形成頭顱，顏面五官器附托於其內，並且環抱成

腔，以包容腦髓。以下為②頸骨。

③軀幹骨構成一個腔廓，最上部為胸腔，內藏心及肺；中部為腹腔，內藏腸、胃、肝、胰及腎；最下部為骨盤，內係生殖器的所在。

④四肢骨分上肢及下肢兩部，上肢為完成工役的幹部，下肢係體重寄託的支點與行動的主體。

(2)何謂「銅筋鐵骨」

所謂骨骼的健康，包括骨質的堅實性及關節的活動性而言。練拳的人希望練成「銅筋鐵骨」，銅筋為指富於彈力性的肌肉，鐵骨為指堅實的骨骼。骨的堅實度，視其所含礦物質，即磷酸鈣及碳酸鈉的多少為衡。礦物質含量豐富的，其質較為堅硬；反之則較為軟弱。

骨質內除含有礦物質外，更含有膠質。這種膠質則為形成骨質的柔軟與彈力性的主要成分。因為徒多礦物質，骨雖堅硬而容易被折斷，所以須有膠質使堅硬的骨富有彈力性。剛柔相濟，才可避免有被脆折的危險。老年人的骨質因為多礦物質而少膠質，所以容易跌傷而折斷；幼年人則否。通常骨質中，礦物質約占三分之二，膠質占三分之一。

運動或練拳的結果，可以使骨骼中的礦物質——碳酸鈣多量的沉著，骨質得以漸趨堅硬；同時因新陳代謝機能的亢進，可以增益膠質，使其彈力性也與之繼長，成為堅韌之質，而支架身體之力增強，以奠身軀健康的基礎。

(3)關節的生理作用

至於身體位置變換的時候，則必須依賴於骨與骨間相連的關節的活動。換言之，即骨體的活動，是由於關節的活動以造成。其堅硬挺直的骨體，僅隨關節的活動而變其位置。運動或練拳可使關節的活動趨於敏捷化，及可增進關節的正常發展。

平日我們常看見走江湖的賣技者及某些技擊家，強使脊柱作強度的後彎，使後頭部後仰至足跟部，以炫人目而「糊口」或「惑眾」，實是不合理的舉動。因為這樣的做了，使脊柱方面的韌帶過度弛緩，或將引起脊椎的脫臼，或致脊髓受傷。所以在增進關節健康的時候，應注意全體關節平衡的操練。一方面應視關節之種類的不同，做合理的運用；一方面應避免偏重於某一部分的過度的運用。

未成年人的骨質尚未完全硬化，若做偏於一側的運用，每易養成習慣性的畸形，如脊柱彎曲症。攝取營養食物時，多選些富於磷酸鈣與碳酸鈣成分的食品，對於骨骼更多利益。

(4)太極拳怎樣使骨骼健強

太極拳練時要「虛靈頂勁」，頭容正直；「含胸拔背」，胸部就自然的狀態內涵，背脊就自然地狀態拔起；「立身中正，支撐八面」，身體就自然的姿勢中正而平衡，不偏不倚，可以保持人體骨骼之自然的支架。「沉肩垂肘」，使骨骼的關節就自然地狀態略帶彎曲。動作時要輕靈圓活，柔軟舒展，綿綿不斷，對於骨骼的生長及關節的轉動，一任自然，沒有絲毫外力的壓制。它使全身骨骼及關節得到平等的操練，並不側重於任何一部分，它沒有骨骼折斷的危險，也沒有關節扭轉的弊害。「一虛一實」，它使四肢得到輪換休息的機會。

因為全身運動的結果，促進新陳代謝的作用，使骨質中的膠質增加，增強骨骼的彈性力。它的運動不劇烈，骨骼及關節不致會超正常的磨損；反之，卻因礦物質的多量的沉著，使骨骼更趨堅韌。

2.太極拳與肌肉的健康

(1)人體肌體的生理作用

骨骼的作用，除支架人體及衛護臟器外，由於關節的活動，也能做種種的運動。但這種運動非由骨與關節本能而生，實由於所附著骨上的肌肉的伸縮作用而形成。骨與關節，不過供做運動的一種工具而已。此外如清新空氣與營養品的攝取，外來危害的避免，也有賴於肌肉的伸縮作用而達到。

全身的肌肉，為數約四百餘條。各肌多呈紡錘狀之束。每束之面，為有由結締組織而成的肌膜包被著。肌的本體，係由許多的肌纖維所組成。每一纖維，又為小束肌細胞所集合。凡較長而厚的肌肉，其結締組織多半長出肌外，而呈白色的帶狀，這是腱。若肌為扁平形的，其結締組織即形成一種寬薄的膜，這是腱膜。肌肉便是由這種腱及腱膜而附著於骨骼或其他器官的上面。每肌有肌頭、肌尾及肌腹三部。肌之所以能使骨骼運動者，係因肌的頭尾分別附著兩骨關節的上下部。所以肌縮可使關節屈曲，肌伸可使關節開展。

全身的肌肉若就部位而分，有㈠頭部各肌；㈡軀幹各肌及㈢四肢各肌等三部。若就性質而分，有㈠橫紋肌及㈡平滑肌二種。

橫紋肌即隨意肌，平滑肌即不隨意肌。前者的伸縮作用可由意志加以操縱，如手足的運動及口眼的張閉。後者是不能由意志而調度其動作，如心臟的搏動及腸的蠕動。隨意肌多附著於骨骼上，所以也叫做骨骼肌。此外還有半隨意肌者，如肺臟的呼吸作用，它一部分係由胸廓方面隨意肌的協助，另一部分則不必待意志的支配而伸縮。所以我們可隨著意志的驅使而做迫促的呼吸，也能於不知不覺中而自然地營其正常的呼吸。

身體各種狀態及姿勢，一方面端賴諸肌肉間的互相牽制，一方面更因肌肉的本身力量（伸力與縮力）與牽制作用，以維持各種位置變動時的平衡。運動時，或由於腦神經的主使，或由於外來的刺激，使肌肉發生收縮。因此肌肉的兩端接近，肌肉的纖維自然加闊而短縮。因肌肉的短縮而牽動其所附著的骨骼，於是骨骼以關節的活動而活動，這時候即發生身體姿態的變動。但一方之肌收縮，他方之肌弛緩，收縮後又弛緩，弛緩後即收縮，這種肌肉的頡頏作用，常在努力於身體平衡的維持，以保持身體的正常狀態。

(2)肌肉疲勞的真面目

肌肉的發達與否，是與身體的強弱有較親切的關係。攝取足量的營養食料，固可以使肌肉的發育旺盛；但若肌肉並無相當吸收的能力，則也不能達到發育旺盛的目的。要促進肌肉的吸收力，非增進肌肉的新陳代謝機能不可。運動是可以增進新陳代謝的機能，所以運動可以健身。此中情形，且舉例來加以說明。

例如當我們將一臂平舉，經過若干時間，必覺酸楚而急思放下以休息之；待休息片刻後，以前的酸楚盡釋。這種酸楚的發生，一因由地心吸力所引起的臂本身的重力，一因平舉該臂的肌肉收縮經久而疲勞。肌肉疲勞之所以發生，一因肌肉中蓄積物質的消費；二因所積成的分解產物即疲勞物質之量的過剩。肌肉在運動時，它的肌細胞中即發生碳酸、游離磷酸及酸性磷酸鉀等分解產物，正如人體其他各組織一樣，不時地不斷地有分解產物產生。當手縮回復原位後，一面既可以緩解肌肉的收縮力，一面因休息的結果，由於新來純潔的血液，能夠洗除這種疲勞物質，並供給氧氣，所以不久而疲勞之感頓釋。

不過這種肌肉疲勞的發生，要看肌肉本質的強弱，而發生的時間各不一致。有經過幾分鐘即發生疲勞，有經過十幾分鐘或幾十分鐘才發生疲勞的。如生肺病的人，最容易發生肌肉的疲勞。平常人雖步行十多里路而不感覺疲勞，而生肺病的人雖行及一二里，即感覺十分疲勞，非立刻休息一下不可。

肌質愈強，愈能耐勞；肌質弱者，稍稍運動即生疲勞。有恆的操練，可以使發生疲勞的時間改遲，而逐漸地養成耐勞的習慣性。當我們在操練蹲下運動的時候，初練時雖僅做若干次的動作，未有不感覺到兩胯發生酸楚；但練之有恆，則蹲下的次數雖增，時間加長，而酸楚的來臨，即日見其減少。這原理，一因下肢肌運動恒久的結果，新陳代謝機能增進，無形中使肌肉的本質增強；二因經久刺激的結果，養成相當的習慣性；即對於因肌肉運動而產生的分解產物的刺激，成為一種優越的忍耐性。這與吸用鴉片煙成隱的人，可耐大量鴉片之中毒而不致發生中毒症候者，同一情形。

(3)肌肉的強弱在質不在量

稍稍過度的勞動而發生肌肉的疲勞，這不一定是有害的舉動。因為疲勞之後，加以相當的休息便可復原；同時因此可促進肌肉的生長，故有「健全的疲勞」之稱。但十分過度的勞動，那就會妨害肌肉的生理，有時致發生肌肉的疼痛，有時因營養減少而廢料增多，無法加以增補。所以運動應操之有度，按部就班，循序漸進，才可有所成就。

並且肌肉的強弱，在質不在量。因為肌肉是由於多根纖維的結而成束，必有堅實的纖維才能結成堅實的肌質。例如用百根棉線搓成一條繩子，在外表上看來，雖然它比拇指還要粗大，但它的堅實度，卻不若用一二十根弦線所搓成粗不及指的繩子。這很明顯的是因為棉線本身遠不如弦線的堅實。所以肌肉的強弱，它的根蒂在結束成肌之纖維的本質，而不在肌肉之量的肥瘦。肌肉之量的增盛自然更可增強肌肉的能力。

平日我們常看見許多肥胖的人，外表上好像肌肉都十分發達，但他們大都「力不足以縛雞」，並且很容易生病，患中風及心臟突然破裂症死亡的，更屢見不鮮。而許多肌肉平常的人，反能「力舉千鈞」，並且身體很健康。此中的「奧妙」，以上已說過肌肉的能力在質不在量。況且所謂肥胖的人，他們的「肥胖」未必盡由於肌肉之量的豐盛，卻是由於多量皮下脂肪的沉積，有以致之。

凡脂肪過多的人，體質必笨滯，稍事活動或行程稍遠，便呼吸迫促，氣喘不已，他們雖然「養尊處優」，使身體「肥碩無朋」，但其體質不能因此而堅實。更有許多肥胖的人，因酗酒貪杯，日久而一方面患慢性酒精中毒，漸致發生血管硬化症；一方面因脂肪的沉著量甚多，而消耗量甚微，漸致發生脂肪過剩。這種過剩的脂肪組織，每易向心肌方面侵入，逐漸地使心肌發生脂肪變性。既經脂肪變性的心肌，便很容易為稍劇烈的運動或精神衝動的影響，而發生破裂症。

因為精神衝動及劇烈運動時，每引起某局部的充血；若充血度甚高時，那血管已經硬變的血管壁，便易受充盈的張力所突破。若突破的血管在腦部，則形成中風症（腦充血病）。若在心肌之已脂肪變性的，則心臟之壁起破裂症。所以這種肥胖的人反不能像平常人一樣的能夠抵抗外力的侵襲。「力不足以縛雞」，更不足怪。至於那些經過勞動及鍛鍊的人，外表上也肥胖，舉重力則甚大，這因為他們是肌性的肥胖，富於彈力性，不比脂肪性的肥碩，卻缺乏正常的彈力性。

(4)肌肉運動與體溫

肌肉運動的結果，在生理上還有一種非常重要的作用。因為人是溫血的動物，縱令其環境氣候不一，而身上的體溫，必須保持其適宜的攝氏三十七度。當肌肉運動的時候，體溫因而增高，血管擴大，血流增速，體內的氧化作用增進，脂肪與葡萄糖經燃燒後而成為二氧化碳及水，同時也產生如乳酸等類的廢料，然後由靜脈管或淋巴管輸到心肺臟而刷新之。

這時候，肌肉間非但產生熱，也產生一種摩擦電。熱及電的產生，正好像機器的原動力，它推進了人體機器做繼續不停的工作。在熱度過高的時候，熱被散放著；在熱度不足的時候，熱被吸收著。肌肉盡了它最大的使命。它保持著身體的適宜的溫度。

(5)太極拳怎樣使肌肉健強

太極拳鍛鍊肌肉的方法，是避免過度的肌肉緊張。在運動時它將肌肉就可能的範圍內舒鬆，體內的一切作用，如呼吸、循環、代謝、排泄等都可順利地進行著，不致有壓制某一部分的現象。動作柔軟緩慢，使肌肉不受過度充血的興奮而過度的緊張，並且使肌肉的伸縮作用不太劇烈。一虛一實，使身體各部肌肉輪換著運動及休息。用意識來支配著肌肉的收縮，同時在心緒安靜的狀態下，留意著外來肌肉上的刺激，使順應靈活。它使肌肉因運動結果而產生的熱，逐漸地增加著，也逐漸地散放著，不致有過與不及的弊害。所以，新陳代謝作用可能在完滿的狀態下進行著，肌肉在有規律的步調中吸取營養料並排去廢物。它溫和地及自然地鍛鍊著肌肉的纖維組織，增強其堅實度；它也調節著肌肉中的脂肪成分，不致發生大量過剩的現象。

練太極拳有成就的人，他們的肌肉豐盛、柔軟、沉重及富彈力性。所謂「綿裏藏針」，柔軟如絲棉，剛強如鐵針。柔中有剛，剛柔可以相濟。若全身的肌肉健全，生活機能強盛，身體自然健康。

3.太極拳與呼吸器的健康

(1)人體呼吸的兩種形式

呼吸器是鼻、喉頭、氣管、氣管枝、肺、胸肌、橫膈膜及其他附屬的血管神經所構成。肺的呼吸運動因為比較明顯，所以人各知之；但人體皮膚上的毛孔，也有呼吸作用，不過為量甚微，卻被我們所忽略了。

呼吸器的重大使命，在營肺內與空間氣體的交換。它將肺內氣體驅之使出者為「呼」；它攝取空間的氣體以入肺內者為「吸」。人體呼吸運動的形式有兩種：①凡由橫膈膜運動所形成的呼吸，叫做腹呼吸；②凡由胸肌運動而營的呼吸，叫做胸呼吸。一般上這兩種呼吸方法，我們常同時兼而行之。

其一，橫膈膜（肌肉的一種）位在胸腔底部，平時作穹狀隆凸。當它收縮時，稍變為平坦形，因此胸腔的容積隨之而增大，這是吸息動作發生時的現象。待橫膈膜回復到平時狀態時，胸腔的容積隨之而減少，這是呼息動作發生時的現象。

其二，胸腔內的肋骨與椎骨中間，有舉肋肌；各肋骨間又有內外肋間肌。當舉肋肌與外肋間肌收縮時，肋骨的前端上舉，胸腔的容積即向前方與側方增大，這是吸息動作發生的時候。

待上兩肌弛緩，則內肋間收縮，胸腔的容積即隨之而減少，這是呼息動作發生的時候。

(2)呼吸運動的生理作用

呼吸運動在健康的人有一定的次數；而與年齡的長幼成反比例。（女子較男子的呼吸次數為多）。即年齡愈幼，呼吸次數愈多。大致初生兒每一分鐘為四十次，一歲兒為三十次，六歲兒為二十五次，十二歲兒為二十次，成人平均為其脈搏的四分之一，約十八次。但此等次數能因精神情感的興奮及運動而增益。

靜肅及熟睡時，呼吸次數減少。不過呼吸運動本為體內一種不隨意的動作，其控制的中樞在腦後下的延髓中。凡體內與呼吸有關的各器官，都受著它的節制。當血中碳酸含量過多時，即能刺激這主宰呼吸的延髓內的中樞，而引起呼吸運動的操作。如我們在行幾次深呼吸後，即血液內氧氣較為充分時，可以暫時忍住呼吸。但經過幾秒鐘，氧氣已經消耗到某種程度，立即會刺激延髓中的呼吸中樞，而促起吸氣的動作。

鎮靜及熟睡時氧氣的消費量較微，所以呼吸自然地緩慢。精神興奮及肌肉運動時，視其程度的輕劇，與所消費的氧氣成正比例。即精神興奮及運動愈劇，氧氣的消耗量愈多，因而呼吸運動也隨著而迫促。

老僧入定，呼吸可到極微。呼吸運動雖由延髓中的呼吸中樞主宰，但仍可由我們的意志而加以左右。所謂「調息」，便是用意志節制呼吸，使它緩慢、自然並有規律。

因肌肉運動而使呼吸迫促，這可由平日的操練而使養成相當耐勞的習慣性。練拳功夫的涵養，這也就是判別高下的一種方法。初練習的人，有稍事操練即呼吸迫促的。但所謂能手者，雖做長時間或劇烈的操練，仍可保持心平氣和的狀態。

呼吸運動的作用，是補充身體內的氧氣。當空氣從鼻腔經喉頭、氣管而吸入的過程中，待其到達氣管枝末端的肺泡時，即與纏絡在肺泡外面之毛細管中的靜脈血，中間隔有薄膜，相互的營滲透的交流作用，血液中的碳酸因此移轉到空氣中，而空氣中的氧氣即竄入血液中，以補充已竄出的碳酸。其原來經由周身而回歸於心臟的靜脈血，經過此種交換作用，一變而為純潔鮮紅的動脈血。然後流出心臟，便又開始重複的大循環而流灌到全身各部，帶著營養料供給於各組織。

呼吸作用一方面是供給滋養的氧氣，他方面是排出老廢的碳酸。就測驗所得，吸氣中氧氣約含百分之二十一，碳酸為萬分之四；而呼氣中氧氣僅含百分之十五，碳酸為萬之四百三十八。

身體中之新陳代謝的機能，必需賴有氧氣的供給；而體溫之所以能常維持不變，也端賴血液中氧氣含量之常得平衡以調節之之故。所以人生不能頃刻斷絕呼吸，而呼吸停止，實為死亡的主要徵象之一。

⑶何謂「肺活量」

當我們舉行深呼息與深吸息時，所出入於肺臟的空氣量，可據以測量肺臟最大及最小容積量的相差，這就是「肺活量」。

不過肺活量並非指肺臟內全體氣量而言，因為當我們雖行極深的呼息，也不能將肺臟內部的氣量完全排盡；必殘留若干量氣體於肺內，以免肺臟呈萎縮狀態。這種殘餘的氣體叫做殘氣。約占肺活量的九分之四，普通呼吸時則僅為七分之一而已。肺活量有測量器可以測量，大抵肺活量的增加，可表示呼吸器健康的增加。

⑷太極拳怎樣使呼吸器健康

太極拳最注意於呼吸器的鍛鍊。甚至有人說全套太極拳架子只是呼吸的輔助運動。當準備開始操練的時候，應先使呼吸運動趨於自然的鎮靜狀態。動作以後，「以心行氣，以氣運身」，「以心行氣，務令沉著；以氣運身，務令順遂」，並且「氣遍身軀不少滯」，「意氣須換得靈，乃有圓活之妙」，「行氣如九曲珠，無微不到」。

太極拳使肺臟的呼吸運動，跟隨著動作的轉換或開合，或左張右弛，成右張左弛，或全張之後，繼之以全弛，或全弛之後，繼之以全張，而得營充分的呼吸調節。由於這種調節的結果，體內新陳代謝機能因此自然地亢進，而操練的時日較久，可以養成耐勞的習慣性。

凡生肺病的人因禁忌劇烈的運動，但又切需新鮮空氣的供給，所以最適宜操練太極拳。

(5)所謂「逆式呼吸法」

也有人認為人體呼吸的方法，除胸式呼吸及腹式呼吸以外，還有逆式呼吸法（林鏡平太極拳在生理學上的研究）。此法為腹式呼吸的一

種，不過當吸氣時，橫膈膜向上方移動，當呼氣時，橫膈膜向下方力壓，恰是腹式呼吸法的逆型，故名逆式呼吸法。它有兩種優點：

一可以使肺尖強健。根據解剖學，入肺尖的氣管枝都是向上方分歧而行，恰與吸氣時的氣流方向相反。所以用普通的呼吸方法，空氣不易吸入肺尖。肺臟廢而不用，則日漸萎縮，容易生病（肺結核菌的寄生）。若應用逆式呼吸法，則吸氣時橫膈膜向上方移動，空氣向上逆和，因此可以進入肺尖。

二可以使意志集中。因為要實行逆式呼吸法，須集中心意以行之，則精神貫注，不致散漫。這樣對心理的衛生便很重要。

太極拳的呼吸法便是實行這種逆式的呼吸法。因為太極拳練時要「氣沉丹田」，丹田便是指腹部臍下處，它要集中心意，使腹部肌肉去其緊張，然後橫膈膜可以自由地上下運動。

在呼氣時，努力將橫膈膜下壓。壓力直達腹腔的深處（丹田），更所以促進腹部內臟的血行及其機能。「腹內鬆淨氣騰然」，呼吸作用得以順利地進行著，則自然的「氣遍身軀不少滯」。至所謂「氣貼背，斂入脊骨」，即在吸氣時橫膈膜向上方移動，空氣上行，直達肺尖，有似氣貼背，斂入脊骨，直貫頂部。

總而言之，太極拳的呼吸方法是注重橫膈膜的運動，吸氣之極，橫膈膜下降，即為呼氣之始；呼氣之極，橫膈膜上升，即轉為吸氣之始。變轉開合，陰陽虛實，隨呼吸而為轉換，則此「氣」自能「周流無礙，圓滑無方」。

4.太極拳與循環器的健康

(1)人體循環器的生理作用

屬於循環器者，為一心臟；二動脈；三靜脈；四毛細血管等。

心臟為圓錐形而中空之囊，其體之大小，恰如各人自己的拳頭，位於胸骨之後與橫膈膜之上。其底向上而偏右，其尖向下而偏左。心臟內分四腔，各腔相界處，以瓣膜之啟閉而交通。其在左方上首之腔為左心房，心臟之下近心臟之腔為左心室；其在右方心底部之腔為右心房，其下為右心室。心臟的工作，好像消防用的唧筒，血管如吸水及輸水的管子，由心臟的收縮與擴張，及其瓣膜的啟閉作用，使全身的循環得以往返流行而不絕。

這種心臟搏動（即平日所謂心跳），有一定的規律，成年男子約每分鐘自六十次到七十次，女子則七十次到八十次。人當起立時，其心搏較坐臥時為速。運動及情感衝動時，心搏加速。年長人的心搏比年幼的為速。

心臟搏動時發生一種聲息，這叫做心聲。第一聲為心臟的收縮聲，第二聲為心臟的擴張聲。第一聲較第二聲為響朗，第二聲較第一聲為短銳。平日醫生當診察的時候，常根據人體的脈搏及心聲，以測驗心臟機能的正常與否。

動脈為離心性之輸出血的管子，靜脈為向心性輸血的管子，毛細血管為將動脈管的血，介流進入於靜脈管。身體各部，除毛髮、爪甲、表皮及眼之角膜以外，莫不分佈有毛細血管。其壁極薄，因此可使血液與全體各組織易於完成交流作用。即由血液中將滋養分供給組織，而由組織接受廢料。

血液為人體中最重要的液體，約占體重十二分之一。其分配的狀況，約四分之一在肌肉內，四分之一在肝內，四分之一在心臟及血管，還有四分之一在其他各器官內。

但當身體某一部分工作緊張時，如食後的消化器部，思慮時的腦部，則血液的來注量較多，同時他部則暫時地減少。這種支配上的變動，不能超過一定的程度；否則血液較少部即成貧血的症候，而陷於病變甚或壞死。同時那血量較多的地方，因充血而致發生炎症。尤其在幾種重要的器官，病變更容易發生，如腦貧血或腦充血，等等。

血液是由血漿與血球組成。血漿為黃色稀薄如水的鹽液，而血球為小圓形細胞，有赤血球及白血球二種。赤白血球浮游於血漿中間，赤血球能營養血液，白血球則能聯合淋巴球而撲食血液中的病原菌。血漿中因含有纖維素，所以能夠自然地凝固。當血管壁受傷而破裂成創口的時候，常可因血液的凝固而堵塞之，以達到自然止血的目的。

血液因心臟內的收縮與擴張而環行於全身。它循行於全身的途徑，有大小循環的兩種方法。

大循環者，為左心室中的動脈血，因左心室的收縮，而壓送到大動脈中，再分流到全身，直至末梢部，改由靜脈而運回到右心房的血行循環方法。

小循環者，為由右心室的收縮，將自右心心房回流而來的血液，壓入肺動脈內，經肺泡的氣體交換作用後，仍變為動脈血而流送到左心房的血行循環方法。

靜脈的血色為帶暗赤，因靜脈血自胃腸受取營養分（由毛細管壁吸收），以及由體內各組織中接受新陳代謝的老廢物，氧化不足，故呈暗赤色。待它輸送到大靜脈中，入右心房而右心室而肺動脈的時候，由肺臟的呼息作用，將老廢物的一部（即碳酸氣）排出於體外；同時由肺臟的吸息作用，吸入空氣中的氧氣，而營成所謂氣流交換作用，於是暗赤色的靜脈血一變而為鮮紅的動脈血了。再流輸入左心房而左心室，更通入大動脈以運行於全身。隨著所到之處，供給養分及氧氣於各組織。各組織即賴此以維持其康健。

(2)充血與貧血的現象

人當精神受特殊衝動的時候，每每顏面失色而呈蒼白或現潮紅，心搏則突然加快。這是心肌的收縮與伸張，因受異常的刺激而作失常的反應所致。由於上述心臟的生理作用，因左心室的收縮可驅血液入動脈管內，以輸送全身；因右心房的擴張可將全身的血管內的血量，因猝然的有多量被吸回到心臟，所以顏面的色澤，頓呈蒼白。

原來我們皮色的蒼白與潮紅，是由末梢血管內含血量的多少而現色。若毛細血管中血量較少時（貧血），則呈現蒼白色；反之，若毛細血管內血量增多時（充血），則呈潮紅色。所以含羞則頰部潮紅，失驚則顏面蒼白，其主因端由於毛細管內血量的多少的關係。又血管本身富有彈力性，當其擴張的時候，也微有吸引血液來注的力量，所以當體表遭受打擊時，因血管之受刺激，血管的擴張神經受其鼓動，血管即形擴張，而呈充血狀態乃現潮紅。若打擊的力量十分重大，皮下動脈性血管被其破裂，所已來注的血液流出管外，不能回流，則此處即呈持續性的潮紅，直到此項血液被組織吸收後為止。若被破裂的血管為靜脈，則因其血色暗赤，所以皮表呈現烏青的外觀。

不過此項破裂的血管，若在重要臟器處，每易引起意外的危機。例如腦部的血管充血或貧血到一定程度時，神識即呈昏迷的狀態。若腦血管破裂，則變成中風之症。輕者因溢出管外的血液的壓迫，而患該處局部的麻痹；重者則有生命的危險。因為若呼吸中樞之延髓的血管破裂，每因壓迫呼吸中樞而致呼吸停止，陷於絕命。又如緊握腋窩動脈，可使上肢陷於麻痹；強壓股動脈，可使下肢麻痹等。

(3)太極拳怎樣使循環器健康

循環與呼吸，有極親密的關係。如行深呼吸時，心臟的動作即隨著增快，血流也加速。在做劇烈的運動以後，一方即使呼吸次數加多，同時也使心搏加速；而心搏加速，即使供給於各組織的營養分，增加其供應量。組織能多得營養分的供給量，則自屬有利於身體的健康與發育。不過增強心搏之道，不可操之過度，否則心臟受過度的鼓舞，隨之而營過度的搏動，必將發生心肌的疲勞，日久將陷心臟於衰弱。

太極拳的動作柔和而遍及全身，它無劇烈與過度之弊。它使全身的血液，就心臟之自然的收縮與擴張，分佈於各組織間，不致發生局部的貧血或充血的現象。細薄的毛細血管非但可以沒有遇到破裂的危險，而無形中可以增強它的吸收機能。

練拳時要「周身輕靈，尤須貫串」，並且保持「神舒體靜」，使精神安逸，態度舒適，不致有失常的情緒刺激加於心肌，而令有所變態。在「綿綿不斷」的鍛鍊中，也可以養成心肌耐勞的習慣性。患心臟病的人，不能做劇烈的運動，恐因此使病症加重；但適宜於操練太極拳，以謀回復心肌的健康狀態。

(4)外家拳「拼氣」的弊害

「外家拳」所以不適宜於人人練習，因為它有反使呼吸器及循環器衰弱的人，不能忍受劇烈的操練而致受傷的。並且有練所謂「拼氣」的，有人叫它做「努責」（努力掙扎之意），（林鏡平太極拳在生理學上的研究，見蔡編太極拳圖解），其法為將大小胸肌及上肢肌肉都強度地收縮著，聲門閉鎖。

這是利少害多的舉動。因為當拼氣的時候，胸腔內的空氣沒有出路，發生高壓，心臟因之強度收縮，血液大量地流出胸腔之外，心臟因血量減少，而呈貧血的狀態。此時靜脈血受胸內高壓的影響，不能回復心臟，而呈鬱血的狀態。因之顏面現青紫色，脈絡怒漲，肺內空氣不能交換，血內碳酸氣無從排除。

到終了時，聲門開放，被壓於肺內的空氣，自鼻向外大沖以呼氣；同時停留胸廓外的靜脈血，以大壓力還流入心臟，心臟因此過度擴張，最容易發生急性擴張症。如果一個心臟本來衰弱的人，怎樣能忍受得了這種不合理的「鍛鍊」。又西洋化運動中的劇烈賽跑，每見競賽者中途昏倒，甚至因此死亡的，則殊非運動的本意。

5.太極拳與消化器的健康

(1)人體需要營養

人體生命的維持，由於體內各組織不斷地接受營養素而運化之。這種營養素係源於飲食物的攝取；然任何營養素，不能直接地作用於組織，必先經過體內的種種運化，然後才可被吸收而供營養之用。換言之，即飲食物必先由消化器攝入體內，經過相當的消化作用，先使其變

成糊狀液，更擷其精華，去其渣滓，才成為有效的營養素。於是由腸壁的毛細管以交流作用而吸入於血液之中；復賴循環作用而分別地配給各組織，其渣滓則排出於體外。

上項營養素配給於各組織之後，經相當的運化時間，即失其效用，而急需新營養素以補償之，所以我們又不得不再度地作食物的攝取。這種交替循序地進行著，人體才得維持生活。

人體主要的營養素，為一水；二蛋白質；三脂肪；四碳水化合物；五無機鹽類及六各種維他命。凡稱營養品者，必須含有上述營養素的一種或多種。我們應攝取適用的飲食物，使身體的營養不致匱乏；並且應有合理的運動，使消化的機構得到健康。

營養素在體內有兩種最大的功效：

其一，造成組織的細胞。例如蛋白質為細胞的主要成分，鹽類為造成骨骼的必要物質，鐵質為造成赤血球所必不可少的。

其二，產生組織的活力。例如碳水化合物中的澱粉與糖，合而變為葡萄糖，可充燃料之用。此在細胞內消費時能產生活力，使身體保持著適常的體溫及正常的生活機能。

(2)人體消化器的機能

消化器自始至終為一管狀的器官。起自口腔，經咽頭、食道、胃、小腸、大腸等而終於肛門。中途包括分泌消化液的各種腺體，如膽、肝、脾、胰等。全管長約二丈左右。當我們飲食時，食物入口，由齒切割與咀嚼，變為細碎的塊粒；同時用唾液相混合（液化作用），然後由咽頭肌的收縮作用，將已經液化的食物咽入食道（此因軟口蓋的作用，以免食物誤入鼻腔；又因會厭，以免食物竄入喉頭氣管內），由食道而入於胃。

食物在胃中因受胃壁肌層活動的壓迫，被胃液所滲潤，逐漸地變為液狀的食糜。再經過幽門，入於十二指腸，於是由腸液、胰腺液及膽汁等共同的消化作用，形成所謂營養素。然後由小腸中的絨毛儘量地行其吸收工作，使進入於血管及淋巴毛細管，然後供送到各部組織。

(3)運動與新陳代謝作用

食物因消化作用而變為營養素，更由吸收作用以利組織的活動及滋養，這是身體內的建設作用。同時將有害及無用的廢物，由濾過及排泄作用而摒棄之，這是身體內的破壞作用。合這兩種作用的協力工作，就是所謂新陳代謝作用。人體賴此作用以維持生命的存續。

運動所以健身，因為運動可使新陳代謝作用增進。新陳代謝作用起源於食物的攝取，食物能夠營養身體的各組織，必須有健康的消化作用，然後才能被吸收。否則雖有豐富的營養素的食物，也只是一種浪費。運動可以促進消化機能的亢進，即運動可以幫助食物在消化器內的消化作用。食物經過消化而變成營養素的過程中，能發生若干量的熱力，這種熱力就是新陳代謝作用的推動力。

運動卻是這種熱力的消耗者，它的結果，一方面是增強消化力或增強食慾，他方面是促進體內各器官努力於熱力產生的機能。日久非但可以增強消化器的健康，而體內因習慣性的養成，常有充分量之力的潛伏。

(4)太極拳怎樣使消化器健康

太極拳運動對於熱力的消耗與積儲是有調節的作用。它不過度的消耗熱力，因為它是柔和與有節奏的運動；它有積儲熱力的功效，因為它使食物的消化與吸收機能加強。

它操練的時候，要腰部舒鬆靈活，變轉虛實以腰為主宰，這可使腹腔內臟的消化器官，得到運動；胃壁及肝胰膽等的分泌液增進，助強食物的消化，同時促進小腸及大腸的蠕動，使吸收力亢進而排泄力也增強。它可避免積食不消化及便秘等消化器的疾病。所以患腸胃衰弱病的人，可操練太極拳而逐漸地有治療的功效。

6.太極拳與泌尿生殖器的健康

(1)人體的排尿與出汗

泌尿器為身體內的排泄器官。屬於此者，為腎臟、輸尿管、膀胱及尿道等。皮膚除司體表的維護外，也具有排泄的機能。排泄器之生理上的機能，為將體內的廢物驅出於體外。當血液循環於全身時，所有收容的老廢物如蛋白質所變的尿素、尿酸、尿色素及無用的鹽類水分等，由腎動脈輸入腎臟。在腎臟中經過滲濾作用後，混合而成尿，再經輸尿管而積貯於膀胱，最後由尿道以排泄於體外。

人體的排尿量，依液體的攝取量與出汗的多少而不同。若攝取多量的液體，尿量自多；但若出汗多，則尿量減少，因為汗也係含有新陳代

謝而來之廢物的液體，其中雖含固體的廢物不多，但當腎臟不能工作時，也足以分任其一部分的工作。此外皮膚並有調節體溫的作用。

(2)太極拳可以使腎臟健康

凡患腎臟機能衰弱的人，因其腎臟不能發揮排泄廢物的作用，最易生腎臟炎、膀胱炎及尿毒症等，不過若能使加多發汗，則可以減輕體內過剩的廢料。所以腎臟病人應有相當的運動，以促汗量的增多。因為肌體運動的時候，能夠產生熱量，汗腺跟著體內水汽蒸發作用，而將廢料放散到體外去。

病人不適宜於劇烈的操練，太極拳運動可以在和平的狀態下，逐漸地增進體內的熱量，使新陳代謝作用逐漸地亢進，它使腎臟的機能自然地加強，而不是勉強的推動。出汗以後，只感覺到一種輕鬆舒適，而不是疲勞。並且全體開展，一任自然，不致有因肌肉的緊張而妨礙著腎臟

等排泄器官之正常的工作。

(3)男女性的生殖器官

生殖器為繁衍種族的器官，男女性各有不同。男性生殖器的重要部分，為睾丸、副睾丸、精囊、輸精管、前列腺及陰莖等。就中精囊、輸精管的一部及前列腺位在骨盤以內，其餘則生在身體外部。

女性生殖器都居骨盤之內，有卵巢，輸卵管、子宮、陰道及外陰部等。女性生殖器在生理上有一種特別之定期性的現象，即所謂月經，約每隔一個月左右發生一次。起因於子宮黏膜的破裂而有相當量的血流出。月經來時，即跟著排出卵子，這所以達到女子受孕的機會，而負起繁衍種族的責任。

(4)太極拳可使性生活趨於合理

中國傳統上練拳以「戒色」為首要，所謂「遠離女色」；甚至有練所謂「童子功」者，終身不開「色戒」，這未免有些太過分了。

在人體生理上，每個青年到達青春發動期，在男子則睪丸成熟而分泌精蟲，女子則卵巢成熟而產生卵子；到了相當的時候，自應有相當的排泄的機會。

「色」的慾望，正如同「食」的慾望，一樣的平常。「食」既不可以過多致有害於消化器的健康，不「食」對於身體也同樣的有害；「色」不應「禁」，只宜「節」。有相當的節制，對於身體是有益的一件事。因為適度的性生活，可使精神活潑，可使生殖機能趨於正常。否則禁慾的結果，每患抑鬱症，或反而引起手淫等舉動，造成摧殘生殖器的健康。所以醫學上對於男子每月遺精一二次，並不認為一定是病態。

運動有促使生殖機能亢進，但運動也能使生殖腺的分泌趨於合理。太極拳是用意不用力，用意識來領導四肢的動作及內臟的活動，使體內的分泌力增強，同時注重腰部的操練，使位於腰內部之生殖器的活動增進。它可以治療遺精、陰萎、早洩及性冷淡等生殖器的疾病，同時它可以幫助性生活的節制。因為練太極拳必須身心並修，心要清淨安逸，精神要貫注專一，不容易引動慾念，無形中可控制了性生活的放濫。

女子在月經來潮的先後幾日內，不宜從事於劇烈性的運動，但可以練習太極拳而不致有所妨害。男子在性交之後，須待睪丸內分泌狀況趨於常態後，才可做劇烈的操練（至少須間隔二十四小時以後。遺精病者同），但在舒鬆柔和及自然的狀態下來練太極拳架子，不致會發生什麼弊害的。

7.太極拳與神經系的健康

(1)神經系是人體各種動作的發源地

神經系為主宰人體的各項動作，並為意志發動的淵源。肌肉雖有其固有的收縮伸展性，但若無神經為之主宰，便不能有所作為。心臟的搏動、肺臟的呼吸、胃腸的蠕動，在在都賴神經的策動。神經不但有策動身體各部使其營相當的工作，並且有節制各項動作而調整之的能力。否則心搏無序，呼吸失和，胃腸也不能神其消化之功。

此外人體為適應自然的及社會的環境，必有各種智慧及意志的活動，又都起於腦神經的作用。

神經系為由大小腦、延髓、脊髓及神經枝並交感神經所組成。依作用的不同，又分腦脊髓神經系及交感神經系，各系又可分為中樞、傳達及末梢三部。

腦在顱骨內，脊髓在脊椎骨內，延髓在腦的後下方。延髓為連接腦與脊髓的媒介。此外合許多散佈在各感官的神經枝而組成腦脊髓神經系。腦脊髓神經的作用，為接受由感官傳來的衝動而認識之，聯絡之，整理之，然後發出衝動到達肌肉，使之收縮或停止收縮。

由腦發出的衝動所引起的動作有兩種：一為隨意的，一為不隨意的。凡可以用意志來控制的動作，稱為隨意的，它是起於大腦皮質的作用。隨意動作，若常行之，可變成自動。自動的動作則不由意志控制。並常有在動作執行以後才發生意識的。例如初學打字，手指的一舉一動，都須留心控制。在練習馴熟以後，其動作便無須意識的指使。我們日常的動作，大部分起初都是屬於有意識的，但行之既久，很多便變為無意識的。行走時兩足的運動，咀嚼時兩顎的運動，打字時手指的運動等，都是這一類的例子。

至於不隨意動作，是沒有意識的反應，即不為意志所發動的行為。如咳嗽、呵欠、作嘔、打噎、眨眼等一類的反動，都是不隨意的。在生理學上，這叫做反射。反射動作為腦幹及脊髓的作用，無須大腦皮質的參加。例如手觸熱鍋，連忙縮回，固從未經考慮而行之。這樣急遽的反應，才能避免灼傷的危險。總之，由感官傳來的衝動，既可到脊髓或腦幹而喚起反射，也可再傳上至大腦半球，以引起對環境的認識，及引起肌肉做隨意的運動。

交感神經系或稱自主神經系，為由許多與神經幹相連的神經節及使神經節與各器官相連的神經所組織而成。交感神經的中樞器即為神經節，排列在椎骨的兩側，而於尾閭骨的前面相連合。其纖維的一部分與脊髓神經相交通，其他纖維則漸分漸細，聯合為神經叢，分佈於全身血管及諸內臟（如心、肺、胃、腸、腎等），以司理內臟及血管等之不隨意運動。

凡由腦神經系統所發出的衝動，須先經過交感神經節，然後才能達到臟腑，因此臟腑的動作，無一可以隨意指使。例如腸胃的蠕動、心臟的搏動、液腺的分泌、血管的舒縮等等，都是出於我們意志所能直接控制之外。其動作大半由於體內的興奮而起，與隨意肌之可以隨意指使及能對外來刺激起反應者不同。

例如思食則流涎，恐懼憂慮則阻涎的分泌，情思及慾感則起乳腺的分泌。其對於血管之擴張與收縮等運動的控制，如受驚恐則顏面蒼白（顏面血管收縮的結果），喜樂羞愧則面色潮紅（顏面血管擴張而充血的結果）。又如以極冷之物施接皮膚，因血管呈收縮現象而蒼白，若以熱物接觸皮膚，則呈相反的狀態而皮色潮紅。又當某一器官工作之時，該部的血管即擴張，以供給其所需要的血量；工作既畢，由血管壁本身神經之力而回復原狀。例如消化食物時，須有多量的血，肌肉運動時亦然。所以，在飽食之後不宜做劇烈的運動，因為肌肉將奪去消化器官所需額外的血量，致易使消化力因此變為遲緩，或甚至減退。

(2)所謂「點穴」的方法

由上所述，人體的動作既由神經系為主宰；而肢體個部更由各該管神經個別的主其動作。所以武術中的技擊方法，便有欲制人的某部肢體失其動作官能，只需將該部的神經加的處治，如使其痲痹或離斷即可。這就是所謂「點穴」方法的原理。

如動眼神經為眼球活動的主體，若使動眼神經痲痹，則其人立即呈現目定狀態。又如呼吸中樞在延髓，若設將其人之延髓中的呼吸中樞處加以危害，則其人立即呼吸停止。又如小腦為維持人體之平衡的，設將小腦部加以襲擊，則其人必立即眩暈而身體失去平衡，以至於暈倒。又如若將腋窩神經加以侵害，則上肢立即失去運動官能。將危害加諸股神經，則下肢立即失去運動官能。若將腰髓加以侵害，則骨盤以下部分可完全無能為力。

又神經大部分都伴血管而行，當某神經受侵害時，其同部分的血管也難免同遭其難，甚有血行停止或中斷的。這時一方面既將肢體之運動主宰的神經受制，而失去運動官能；另一方面因血流障礙，而組織感受營養缺乏（神經也需血液營養），自致陷於百病叢生，頓失其本能。

(3)太極拳怎樣使神經系健康

若我們希望自己的動作活潑，感覺靈敏，思慮周密，必須要鍛鍊神經系的機能。有功夫的太極拳家，有能對飛彈及其他暗器來襲時，未必盡待目力所及即能作泰然的閃避。這原來是因為聽到暗器飛舞的聲息，或感到空氣激盪的壓力（彈子及兵器在空氣中活動，使空氣激盪而發聲，或直線的飛來時，可增加四圍空氣之直線形的壓力），由於交感神經系之靈敏的感覺，於間不容髮的一瞬間，驅使肢體做有效的躲避，以免於難。

一般普通的注重體力的運動，似乎很少有直接的關於神經系的鍛鍊。有許多運動家及拳家，身體十分強健，但腦力遲滯，最怕從事於用腦的工作，這一方面固因習慣性使然，另一方面實因缺乏腦神經的鍛鍊所致。同時有許多「讀書人」，卻因「兀兀窮年，埋首窗下」，腦神經十分發達，甚至用之過度，而缺乏體力的運動，以致身體衰弱萎縮而陷於各種病態。

太極拳之所以是理想的運動，因為它是全身平衡的運動。它操練體力，它也操練腦力。練拳的時候，意識所到之處，行動隨之。有許多動作雖不能做到完滿，但要憑想像力來加以想像。這都是用腦的工作，得使腦神經有合理的操練。又太極拳的動作，靈活柔和，要練到感覺靈敏，所謂「一羽不能加，蠅蟲不能落」，一羽之加及蠅蟲之落，立即有所感覺而反應。與人推手時，要練到能夠「懂勁」及「聽勁」，對人家

之力的「來縱去脈」都能知覺，然後才可以制人。凡用腦的工作者，可以練太極拳而得到體力的平衡，腦力更能增強。體力的勞動者，可以練太極拳而得到全身平衡的健康。

腦神經愈用可愈靈敏，但用之過度，最易陷於病態。當身體某一部分工作時，該部的血量即因而增多，所以當用腦工作過久時，腦部的血管必應運而擴張，即血量之來注者增多，這樣若此項血管擴張過久，則血管壁因長時間的伸張，必致疲勞，甚或陷於一時性的麻痹。因此平日我們用腦稍久，必須轉移其注意力於他部，使該部擴張的血管壁得以恢復原狀，而獲得休養的機會。

讀書或思索的工作，若經過相當時間以後，必須有相當的休息，或做適度的運動。否則非但工作的效率減退，並且對身體也是有妨害的。太極拳運動的時候，雖經時稍久，仍不感覺腦力的疲倦，這是因為運動時的血液遍流全身，並不局部的貫注，血管只是適度的擴張又收縮，所以能夠持久。

第四節　太極拳運動與心理的衛生

一、身體健康是心理健康的基礎

章著心理衛生概論中說：「有許多心理疾病是由於液腺失常而起；倘若能早一些認識，加以治療，後來便不致變成精神病。」希臘古哲的名言說：「健全的精神寓於健全的身體之中。」心理健康和身體健康是分不開的。

身體不健康常使人生前進奮鬥的熱力減退，常使人生適應環境的能力降低。煩悶憂鬱的反應常根源於擾亂精神的身體苦惱。四肢殘廢的人容易生自卑感，性機能衰弱的人容易生性的怕懼或冷淡感，生胃病或肺病的人脾氣容易暴發，心臟衰弱的人容易生恐怖心理，這都是因身體上的疾病而引起心理上缺陷的例子。反之，身體健康的人對於局部的身體缺陷或已知的個人弱點，總令能以積極的客觀的態度去應付，不致發生嚴重的自卑感，更不致加深因卑遜態度所生不良適應的程度。

不過，心理上的疾病也在在足以陷身體於不健康。例如脾氣暴躁容易發怒的人，常是胃病的患者；性情抑鬱煩悶的人，常是肺病的患者；……總之，心理健康的人十九都是身體健康的人。

二、人的行為適應

「人生的生活史，就是一部適應史。」人餓了覓食，渴了找飲；太熱了，就移到涼的地方去，太涼了，就遷到暖的地方來，這就是人類最

簡單與原始的行為適應。

在心理學上來說，人的行為起於動機，動機由外界刺激與內心情緒緊張而發。如何滿足動機而發生各種反應（動機有得到滿足的，也有因阻塞而不克獲得滿足的），以求達到減除緊張，這就是叫做行為的適應。如以「饑餓」動機而言，引起活動的刺激是胃饑收縮的感覺，這種胃饑收縮演成內臟肌肉持久的或循環的緊張狀態，就造成情緒，於是發生了覓食的行為。人之適應行為的機能是先天賦有的，人人相同；但適應行為的方法是後天學得的，人人不同。適應行為可造成固定的習慣，以後若遇同樣的情形，便會依照習慣而做去。人之適應行為是妥善的，我們說這是正常的或健康的；反之，適應行為是不良的，我們說這是反常的或不健康的。

平日我們所看見許多人「怪僻」、「隱遁」、「懦怯」、「妄想」、

「畫夢」、「因循」、「自卑」、「怕懼」、「恐怖」、「憂鬱」、「煩悶」、「歇斯底里亞」等等，都是因不能滿足某種動機（人除應付機體需要之食飲衣住的經濟活動，是根源於生存的動機以外，還有源於情緒緊張的各種動機，如占強、求譽、趨同及性愛等），而發生各種不良的行為適應。心理衛生是以「獲得適當的適應行為是保持精神健康的要點」為原則，而設法排除各種不良的適應行為。

現在試舉例來說明以上情形。有些人在社會上因為某種動機不能達到滿足，如「滿腹經綸」，原希望一舉成名，在職業上有優越的地位或在事業上有相當的成就，卻誰知結果都告失敗；如「風流倜儻」，原希望佳人配才子，在婚姻上有完滿的結果，卻誰知弄得失戀或怨偶一對……他們失敗以後，不去作積極的適應行為，如用客觀態度去分析其失敗的原因，如何糾正自己本身的弱點，如何克服環境的阻礙，或如何合理地轉移其活動的方向等等，他們卻只憑情緒的直接反應，雖然這種反應的方法是他們固有的習慣，於是流於種種不良的適應行為，如上舉的各種現象。

在某種情形之下，有許多人借酒澆愁，或吞雲吐霧，或甚至自殺。酒醉以後，則哭泣沮喪，或高歌興奮，或打人罵人，或毀物投器，不一而足。酒以解愁，這愁字在心理學上可看為抑制的意思；現在利用酒把心中鬱悶的抑制作用給予解放。自然這種解放抑制並不能解決令人抑制的真實困難原因。反之，醉酒更能低落個人判斷、辨別及控制行為的能力，這種能力的低落更增多人之不適應的趨向。

病態的醉酒會釀成更永久的心理病症，如幻覺過多、知覺錯誤、記憶力喪失及其他心智退化現象等。至於以鴉片等麻醉毒品來解悶，在麻醉性存留時固可以感覺一時的一種愉快的夢幻心境，但藥力一經退消，

就生嚴重的煩躁苦悶的狀態，心智集中力完全散失了，其結果是十分惡劣的。他們貪酒嗜煙，固然因為他們本有許多不樂意的情況，他們不願想到與碰見，這正好令人用做一種躲避的處所與防禦的機構，使他們從適應困難中得到救濟。

這種心理上原因很關重要，所以有些人戒酒戒毒後，還因情緒的需要多次的犯戒。這就因為除了糾正習慣，在身體上加以治療以外，還須用心理衛生的原則去轉移阻礙，始能完全奏效。

普通所謂瘋狂病或精神病，便是心理上的神經病的嚴重化，也就是不良適應到了嚴重的地步。凡多愁善感、喜怒無常、優柔寡斷、猜忌疑慮……這許多心理上的病態，我們通常都稱為神經衰弱病。其實，還有一種以病痛適應的方式來解除情緒緊張的行為，這叫做歇斯底里亞。

這種人因動機的不能滿足，即每當困難發生的時候，就常用病痛的

方式來作解決的方法，同時在病痛中來獲得愉快的經驗，因此更減少了正面解決困難的勇氣。

據分析，患歇斯底里亞病症的人，可以看出他的人格有三種特點：㈠在動機上是自我中心主義的；㈡比別人容易受暗示的影響；㈢缺乏行為的統一性。

這種人完全是自我中心式的應付困難，只知有己不知有人；只圖自私目的的實現，不顧他人的慾望及需要。這大概是因為幼年過受父母溺愛，缺乏獨立解決問題的能力所致；並且從幼年起陷入溺愛陷阱之中，把求譽動機過分重視，所以外界一切暗示容易令他感動，他的不用理智就判斷一切，加上幼年訓練不善，父母喜怒無常，某種行為有時獲獎，有時受罰，以致使行為失了統一性。所有這種不良適應是從小就養成的（馮順伯編著《心理衛生與修養》）。

三、適應行為中的補償作用

人的適應行為中有一種叫做補償作用。補償就是儘量注重某一種特性的防禦機構，用來減少因個人缺點所引起的緊張。補償習慣達到適應的目的約有兩途：㈠補償是一種代替出路，用來減少那些直接受挫折的情緒緊張；㈡補償是用來忽視缺陷，避免那些可怕的批評——自我批評與他人批評。

例如在學校中愚拙年長的學生，因在學業上不能超群出眾，常在體力勇武上表現，以謀補償。相反的也有以智代體的補償，體格的卑遜狀態，以智力的優美成就去代替。又如父母常借子女的前途以求補償。凡父母已經獲得卑遜態度，常為他們的子女照自己失望的途徑上從事計畫，並計畫更大的成效。一位母親在婚姻上失望，常想為她的女兒在想

像上求得一個乘龍快婿以為補償。有人說道學家的面孔，是一種隱晦不易察知的心理防禦，也可說是反對罪惡的補償作用。沉溺於酒色賭博的人，因他所受過去的教育早認這類行為是罪惡，也就承認這種嗜好是自己的弱點或卑遜，而結果反公然地反對這種罪惡，以收補償之效。

一位道德狂的宗教家，咒詛一切性行為是罪惡，甚至把捲髮抹粉跳舞等等行為咒詛成罪惡。這種熱狂的反對性行為的態度，可說是補償作用。這位道德家在私生活方面，提倡獨身主義，而在燕居與群居時候，反常的性思想總會不斷地侵入。他自己認為這種思想的發動就是他自己的意志的弱點，也就是個人卑遜的記號，於是公開地反對性的罪惡，從這兒增加了抑制的力量而獲得了補償作用。

許多人矯枉過正的態度都是受補償機構所推動。最熱狂的改革家所反對的罪惡，就是他內心最受誘惑的所在。

四、太極拳的心理衛生

太極拳運動是用意不用力，並且必須意無所思，情無所動，姿態要自然，心境要平和，這無不是達到心理衛生所應有的條件。普通說太極拳可以「暢活精神」，「陶養性情」，「轉移脾氣」，便是指心理衛生而言。以下分三點來加以說明：

1. 集中心智的注意力，並加以訓練。

太極拳練拳或推手時，因為要用意不用力，所以必須集中注意力來指揮全身的動作以及呼吸，使頭腦中沒有絲毫的雜念存在，一心一意的來貫注在運動中。非但要靜，並且要淨化，這可以訓練我們的注意力集中，並腦力及心境的安靜狀態。

所謂太極拳可以啟發智慧，就是這個意思。凡心理不健康的人，頭腦中最多胡思亂想或疑神疑鬼，心境上充滿憂鬱煩悶或抑制苦痛，平日推之不開，捨之不掉，使精神陷於困頓不堪。但太極拳必須要「神志清明」，以動作來配合意識，它不是硬壓制，它是因勢利導，練拳時使自然地丟棄了這種心理上的重擔。

2.保持鎮靜的態度，以理智克服情緒。

太極拳練時要鎮靜及以靜制動，它可以養成一種鎮靜沉著的態度。對於處事待人，可以養成一種客觀的理智的解決問題的習慣，受觀察的事實所指導，不受慾望所左右。他不如心理不健康的人（即不良行為適應的人），對事對人常以失調的情緒的行為反應，不以理智的行為應付。因為情緒是不常定，易為過度的敏感所造成，所以用情緒來反應，常生不良適應的結果。逐漸擺脫情緒反應的束縛，解除自我中心的主觀的支配，這就是一種心理衛生。

3.增強自信心，克服自卑感。

不良行為適應的人，常是缺乏自信心，認為自己比別人卑遜，於是退避，失望，懦怯……，對於問題的發生便設法躲避而不敢正視。有人更認為自己的身體衰弱，絕不能有所成就，於是消沉、頹唐而鬱鬱無生活的樂趣，或甚至染有各種不良的嗜好。

太極拳可以使身體健康，並且有技擊的功效；內容淺顯也極深奧，學之得法，下一分功得一分果，它使學習的人增強自信力，克服自卑感。因此太極拳更可以增加意志的堅定，膽量的雄偉，以及決斷力、辨別力、忍耐力（耐勞及忍痛），使心理達到健康狀態。

第五節　太極拳是老小及病人都適宜的運動

以上我們已說過太極拳是理想的運動，因為太極拳是全身平衡的運

動，內外兼修，身心交益，並且趣味濃厚。現在根據以上各節的分析，我們更說太極拳是男女、老小及病人都適宜的運動。

因為太極拳是順手自然，柔和舒鬆，緩慢平順，所以不論是七八十歲的老翁翁老婆婆，或是五六歲以上的小弟弟小妹妹，以及生各種慢性病患的不幸者，都可以來學習太極拳而達到他們所希望的目的。

普通一個經常練拳的人，他的生活是有規律的。因為他每天必須有一定的時間來練拳。生活有規律，可以增加身體的健康及心理的衛生。因為身體的機能及心理的狀態，不適宜於一時的過分懶散及一時的過分緊張，這樣容易引起疾病。

還有練拳以空氣新鮮的空曠場地為宜，有許多人足不出戶，終年不見天日，但因為要練拳，可得到機會去接觸大自然。還有練拳以同伴集中一處，趣味較濃，並且互相琢磨，互相競爭，進步較速。

太極拳練推手時必須二人能夠合作，這樣互通聲氣，因練拳的關係可以培養許多沒有「勢利」的友誼，這恐怕必是許多人所意想不到的。年老人與年少人在一處練拳，互相可以學到許多的經驗與天真。以上種種卻是因練拳而間接得到的利益。

太極拳練之有素，它可以使內臟及筋骨壯健，四肢及身軀輕靈；它可以陶養性情及轉移脾氣，使練拳的人富有藝術家的風度；最後它可以使心理上有一種舒適愉快的境界，這則必須要親身經歷的人，才可體驗到。

第三章　太極拳之技擊的理論

第一節　太極拳技擊的本質

一、太極拳技擊的三種特點

中國的拳術向來著重技擊。少林拳幾乎每舉手投足都是打人的，所以怪不得一般人看見人家在練拳，便以為此人在學打人的技術。但是太極拳卻以養生健身為主，技擊只是第二個目的。太極拳可以養生健身而延年益壽，它還可以護身擊敵而制勝各種拳術。普通的運動雖然可以健身，但是沒有技擊的效果。太極拳是運動的一種，它也是一種最堅強的

技擊方法。太極拳技擊的本質，有下列三種特點：

㈠太極拳技擊以自衛為主：人不攻我，我不攻人。

㈡太極拳技擊以機智為主：不以拙力勝人。

㈢太極拳技擊以柔韌為主：以天下之至柔而馳騁天下之至堅。

二、太極拳的不易致用

太極拳健身的功效，若練習得法，便可於最短期間內見之。但太極拳技擊的功夫，非有相當時期的鍛鍊，難望有所成就。這話並不是故意有所強調，只因為太極拳是「以柔克剛」，「以靜制動」，「以智勝拙」，「以氣養勁」，剛、動、拙，每個人天生有之，後天學之，比較容易多了。譬如每個人生來便有拙力，不過程度的大小不同而已。太極拳卻是要去此拙力，在柔中養成堅韌如純鋼的勁。因為這種拙力只是

「生鐵」，最易折斷。又每個人生來便知道「動」，但那有深意的「靜」卻不是人人所能夠的。

太極拳好像是將一座磚頭木頭所築成的房子，拆掉了，換上一座鋼骨水泥的房子，所以需要經過一番大建設，必須有相當的時間才可做到，自然不比僅僅將舊房子的外形加以修葺粉飾的那樣容易了。普通學少林拳的人，三個月的練習功夫，便可一拳打倒好幾個「文弱的書生」；五個月的鍛鍊功夫，也可以打倒一個有一年工夫的太極拳學習者。此中的道理，便是如此。

初學太極拳的人，對於此點須特加留意，請不要以為太極拳沒有用，原來這也就是太極拳的一個特點。所謂「大器晚成」，太極拳的技擊功夫，就是這樣。來日「水到渠成」，也就是其他拳術所不能及的。

還有一點，太極拳技擊的運用，是變化無窮。它跟著功夫的進展，是一步一步地變為複雜。在應敵的時候，出奇制勝，無非是一霎眼間的事。據說太極拳前輩楊健侯先生在神武營做教練時，年已七十餘，一日自外歸來，有莽漢持棍，出其不意，自後擊之，楊先生忽轉身以手接棍，稍送之，莽漢已跌出丈餘外。又楊先生能停燕子於手掌心，燕子不能飛去。因為他能聽其兩爪之勁，隨之下鬆，燕子兩足不得力不得勢，故不能飛去。

不過初練的人，對於有許多地方不免要發生懷疑，其實也可以說，只是不瞭解，往後自然會逐漸地瞭解了，加以重視，最後自己也能夠運用自如。本章只能夠提出幾點太極拳技擊的原則，加以說明。至於隨機應用，此中巧妙，唯有在學習者的深思熟慮。

好在太極拳除單獨練的盤架子以外，還有雙人練的推手、大握及散手等等，這都是練習技擊的最好方法。

第二節　鎮靜以及安定重心（以靜制動，以退爲進）

一、鎮靜的重要性

應敵或推手的時候，第一須保持心理上的鎮靜狀態，並且使自己的身體安定在相當的重心上。平日我們在處理事務或應付人事的時候，一個沒有經驗的人常會慌張及張惶，以至無從措手。本來他有十分的能力是很可以處理或應付的，但是在慌張中他竟發揮不出他的能力。

他十分的能力此時只剩了一二分，結果他是不勝任了，他措手不及，他失敗了。他失敗的原因，是他不能夠保持心理上的鎮靜狀態，於是不能運用他的腦力，使他說話的能力也減退了，使他陷於不安的狀態，則他如何能夠處理一件比較繁重或複雜的事務或人事？何況這樣的事，又是他所沒有經歷過的。

太極拳功夫有修養的人，他遇事鎮靜，這固然是平日練拳的功效，但推手時他鍛鍊著必須能夠鎮靜，才可應敵。所以談技擊，第一步就是要鎮靜。並且太極拳是要在動中求靜，靜止時的靜比較容易，行動中的靜便比較難上一層。在行動的當中要能夠鎮靜，並且以靜來控制著動，使自己的動是有意識的及有意義的動。能達到這種地步，在心理上已制勝了敵人。自然這種心理上的鎮靜狀態，必須要身體上重心的安定為基礎。我們要能夠自然地呼吸，身體是在舒鬆的狀態下，重心安定在最穩固的地方。此外，心理上的自信心，也是幫助鎮靜的要素之一。

二、怎樣安定重心

何謂重心？人類是住在地球的表面，在地表上的人類及一切物體是都受著地心的吸力作用。生在樹上的蘋果，成熟後不向天上升卻向地下落，便是因為地心的吸力作用。人體除躺臥及睡眠外，固無時不從事於維持坐立的身體姿勢，以反抗地心的吸力。

我們的頭比腳重，然而我們之所以不倒仆或頭向下觸地者，就是因為人體有許多肌肉群繼續收縮，骨骼做著支架，用以維持這正常的姿勢。人體各部分所受地心吸力之重力的方向，即向地心，不過因人體與地球的體積相比，數量甚小，並且和地心的距離比較甚大，所以各部分所受的重力，可視為許多的平行力。

所謂重心者，便是這許多平行力的中心，也即是地球對於人體各部分引力的合力作用點。所以重心可假想為人體全部重量聚集的一點。若施行一種向上的單力在人體上，或用線將人體懸起，如能使作用線通過人體的重心時，則所施的力，必能支持人體全體的重量，以成平衡。人

體上的重心便在腹部，所以安定重心，便是使人體的腹部安定。

太極拳上要「氣沉丹田」及「鬆腰」，丹田便指腹部，腰部能鬆，則重心雖定於一點，而四肢運動仍無妨礙。如何使腹部堅實及安定，便是達到重心安定的第一著。

運動時因為必須發生全身的轉動，或甚至前進及後退，所以太極拳推手時應將步子放成川字形，兩足尖向前，一虛一實，將重心放在中間，而絕不可超過兩足的範圍，以避免失去平衡。因為重心的鉛直線如果落在底面以外，將無法可以維持穩定。

太極拳應敵時，在自身方面說，要保持鎮靜，要安定重心，但在對敵方說，制勝之道便是要使對方破壞了他的鎮靜（呼吸急促即氣浮，是最先的表示），與要使對方失去了他的重心，然後加以打擊，以靜制動，以退為進，便無往而不利。

三、物體的三種平衡狀態

設由物體的重心作一鉛直線（垂直球面的線，叫鉛直線，不叫垂直線），凡能通過支點或底面的範圍內時，我們稱該物體為平衡。地球表面的物體，統共有三種平衡狀態。

凡重心的位置較底，底面積較大的物體，例如安放時的圓錐體或平放時的書本，若稍加推動後仍能回復它原來位置的，稱為㈠穩定平衡。

凡物體稍加推動後，由重心引下的鉛直線極易超出底面，而不能回復它原來位置而使它重心的位置降至最低處的，稱為㈡不穩平衡，例如圓錐體以頂點平衡於桌面或鉛筆豎立在桌面時的狀態。凡物體稍加推動，它重心並不升降，隨處而平衡的，例如圓錐體以旁面為底面或球體的平衡，稱為㈢隨遇平穩。以上三種平衡狀態中，自以穩定平衡時之物體的

穩度為最大，隨遇平衡時次之，不穩平衡時為最小。

太極拳上的安定重心，便是保持人體穩定平衡的狀態，在推手時更能做到隨遇平衡的狀態。不過這不是將身體臥倒了（身體臥倒時為隨遇平衡），卻是運用有虛實的兩腿與舒鬆的腰部，身軀雖在運動著，重心並不升降，使身體永續地保持著平衡。如何使對方失去重心，即如何使對方身體重心點的鉛直線落於底面以外，也即如何使對方身體站立不穩，這是我們攻擊的目標。當對方失去重心的一剎那間，這是我們攻擊的時候。反之，如何使自己的重心安定，這是守的必需條件，也便是攻的先決條件。至於如可以做到自己安定而對方不安定，除了自己的「立身中正」、「變轉虛實」、「氣沉丹田」、「舒鬆柔軟」、「用意不用力」、「腰如車軸」等條件以外，便應在臨敵時善於利用對方之力的方向及性質，加以運用而牽制之。其詳細情形容在次節敘述之。

第三節　以逸待勞及力與借力（以柔克剛，以小勝大）

一、怎樣叫做「不丟頂」

與敵人交手以後或在推手開始以後，便是力的運用時期。如何以柔克剛及以小勝大，這是太極拳之作戰的策略。太極拳解上說：「察四兩撥千斤之句，顯非力勝。」太極拳是不以力勝人，而以機智奪人。推手歌訣上說：「掤攦擠按須認真，上下相隨人難進；任他巨力來打我，牽動四兩撥千斤。引進落空合即出，粘連黏隨不丟頂。」太極拳是不以剛硬制人，而以柔軟勝人。與其如此，才能夠以逸待勞，並且以小勝大。

在應敵或推手時，因為要化力及借力，必須先要「知彼」，要能瞭解對方之力的性質與方向，太極拳上這就是所謂「懂勁」、「聽勁」，

然後加以控制，或引入落空，或合之打出。

太極拳上對於對方的動作，要憑著全身的聽勁，也就是感覺去注意，而不只是靠著視覺來跟隨。不問對方的動作是軟的或是硬的，凡是覺得向我方進行的，要抱定不用拙力去抵抗，這是「不頂」。

不頂的目的，在使對方的力量失其效用（以柔克剛）。人家推過來，我用力「頂」過去，那是想用力量去克制對方，必須我方的力量確比對方為強，方有取勝的希望，否則豈非自討苦吃。反之，如果對方的動作是向他自己方面退回去，或是向別方面變動的時候，那麼我方的動作一定要隨著對方動作的速度，自自然然地跟上去，這是「不丟」。不丟就是不離，不離就是追，追得上，就能乘機或乘勢打出去（以小勝大）。在對方失去重心的一剎那間，以四兩的力去撥動千斤（借力），這並不是誇大，而是一定的道理。

二、怎樣能夠「不丟頂」

不過要做到「不丟不頂」及「粘連黏隨」，必須自己的動作能夠柔韌輕靈，才可以「聽」對方的動作，才不致使自己的注意力為剛硬所蒙蔽。「任他巨力來打我」，我卻能利用他方「力」的性質是剛硬或柔軟，「力」的分量是大或小，「力」的方向是進或退及正或偏，加以運用，加以控制。使他方的力由大化小，由有化無，由正化偏，由直化角，由合化分，及由分化合，以達到我們攻擊的理想。

太極拳論上說：「仰之則彌高，俯之則彌深；進之則愈長，退之則愈促。」此言二人推手時，「彼仰則覺我彌高，如捫天而難攀；彼俯則覺我彌深，如臨淵而恐陷。彼進則覺我愈長而不可及；彼退則覺我愈逼而不可逃。皆言我之能黏隨不丟，使彼不得力也。」（陳微明《太極拳

術》）

又論上說：「一羽不能加，蠅蟲不能落，人不知我，我獨知人。英雄所向無敵，蓋由此而及也。」陳氏註云：「羽不能加，蠅不能落，形容不頂之意。技之精者，方能如此。蓋其感覺靈敏，已到極處；稍觸即知。能工夫至此，舉動輕靈，自然人不知我，我獨知人。」又論上說：「人剛我柔謂之走，我順人背謂之黏。」陳氏註云：「人剛我剛，則兩相抵抗；人剛我柔，則不相妨礙。不妨礙則走化矣。既走化，彼之力失其中，則背矣。我之勢得其中，則順矣。以順黏背，則彼雖有力而不得力矣。」又論上說：「左重則左虛，右重則右杳。」陳氏註云：「此二句，即解釋忽隱忽現之意。與彼黏手，覺左邊重，則吾之左邊與彼相黏處，即變為虛。右邊亦然。杳者，不可捉摸之意。與彼相黏，隨其意而化之，不可稍有抵抗，使之處處落空而無可如何。」總之應敵時要「知

己知彼」，「運化巧妙」，則制敵並不難。

三、力的運化及借力

當對方沿著正面方向用百斤力來打我，我將他先化成偏的方向，在對方漸失重心的時候，我牽動四兩力加入他方的百斤力，使他隨著偏向跌出，這是利用合力的作用。又我方故意加力於對方，以探聽對方的反動力或抵抗力，然後就其反動力的情形，加以控制，即在對方退去或頂上之力的方向加以追擊或脫空，這是利用反力的作用。又當我們站立在運動的車內，車將停止時，人體必前仆。靜止的車如初開動時，人體必向後倒。這原是物體運動的慣性或惰性。即凡物體不受外力時，常有保持其靜止或運動的傾向（牛頓第一運動定律）。

但太極拳應敵時，要保持靜中有動及動中有靜。動靜的變化能夠操

之於無意識狀態之中，則可無前仆後倒或左傾右斜的現象；並且由靜到動及由動到靜，可不需格外的努力。然後「動急則急應，動緩則緩隨」，才可「因敵變化示神奇」。這種情形，我們更可做一種試驗，以明此中奧妙。例如將書本豎立於桌面的紙上，若用手驟然拉紙，紙雖受力而移動，但書本因保持其靜止而向後倒。若將紙片慢拉，使力的作用也傳到書本，則紙片和書本同時運動。又若將紙片驟然停止，書本必因保持其運動而向前倒下。由此可知這書本若能「動中有靜，靜中有動」，即可無前後倒下的危險。

太極拳解上說：「發勁須沉著鬆淨，專注一方」，指發勁時注意力應集中；又拳論上說：「其根在腳，發於腿，主宰於腰，形於手指；由腳而腿而腰，總須完整一氣」，指練拳時呼吸應完整。但是，這幾句話的意思也可以說明應敵時力的打出應集中在一點，則力量因集中而巨大。並且根據力學上的原理，若二物體碰撞時，作用的時間愈短，則衝力愈大，反之則變小。

例如我們由高處跳下，如以足趾著地，則著地的時間延長，可免衝力的震動。又茶杯落在石上，因很大的衝力立即破碎；若落在地毯上面，就因作用力的時間較長，不易破碎。平日包裝瓷器或玻璃器時，常用稻草紙屑等類填入，以減少碰撞時因衝力而損壞。

太極拳解上說：「發勁如放箭」，出力快，對方所受衝力也大。如果能打擊對方之中正方向，則力無分散，可增加其分量。不過在力打出的時候，自然自己仍要保持舒鬆狀態，即多留伸縮的餘地。否則對方的反作用常致自己無法支持重心的安定。正如放炮時炮彈由炮口射出，同時炮身必後退。因為凡力對於一切的作用，必伴生大小相等方向相反的反作用（牛頓第三運動定律）。此外有時也可利用槓桿原理，在三種槓

桿情形下（一種為支點在重、力點中間，如秤、天平、剪刀等；第二種為重點在支、力點中間，如割草刀、獨輪車等；第三種為力點在重、支點中間，如風琴的踏板、寫字等），以第二種情形，因為主力臂（力與支點距離）常大於阻力臂（重與支點距離），其機械利益常大於一。在推手時，當對方失去重心，我方前進下，用力將對方打出，便是這種情形。用力最省，效果頗大。

以上將推手或應敵時力的運用，加以力學上的根據與解釋。至於詳細情形，因為變化無端，不勝盡述。希望學者隨機應變，熟能生巧，即覺受用不盡了。本節旨在說明太極拳以借力為重，所謂「妙處全憑能借力，無窮變化洵非誇」。因借力才可省力，因省力才可持久，而力出才能無限量。「以柔克剛」，「以小勝大」，原來正是最省力的事。「以逸待勞」，便是這樣的意思。

第四節　圓運動的妙處（以順避害，以輕避重）

一、太極拳的圓運動

太極拳的特點之一，就是它的動作都成圓形的。由無量數的大小圈圈連貫而組成一套太極拳法；推手時也就在練習這無量數的大小圈圈。它要四肢的動作走圓形的曲線，它更要整個身體的運動是無量數的圈圈。大圈之內有小圈，小圈之內有更小圈，以至無量數更小的圈圈。大圈之外有更大圈，更大圈之外更有更大圈，以至與天地的大圈合而為一。這無量數的大小圈圈，中央有圓心，兩旁有虛實，圓周也同樣地適合於數學上圓的原理，是由無數的多邊形擴充而成。

譚夢賢先生曾這樣說：「初學盤架子者，畫圈宜圓，兩圓須成切線；兩圓相交，須通過圓心，蓋求其整齊也。架子盤熟，工夫稍進，則學推手，或曰搭手，又曰靠手。推手者，敵我二人，以一手或兩手靠搭，用粘連黏隨四字工夫，畫陰陽兩圈。其法有二：㈠甲畫圓圈，乙隨之而走；或乙畫圓圈，甲隨之而走。㈡甲乙兩人，各畫半圓圈，合成一整圓圈。然無論一整圈圈或兩半圓圈，均於此圓圈上，研究掤擺擠按四字要訣。唯應注意者，甲乙兩人，各有一重心。甲乙兩人靠手時，又於靠手之交叉點，自成一重心。此三重心點，由甲乙兩人互相爭奪，得重心者勝，失重心者敗，此一定之理也」（《太極拳要義》譚序）。

黃元秀先生也說：「聽化拿發四字工夫，甚難甚難。雖畢生研究，亦無止境。其總訣在一圓圈。其化也發也避也攻也，無不以圓圈為之。所謂太極者在此，所謂妙用者亦在此。以餘個人之揣擬，初練習推手者，於掤擺擠按中，先以兩人合作五個大圓圈，來試演之，名為基本方法。㈠平面圓圈，㈡直立圓圈，㈢斜形圓圈，㈣前後圓圈，㈤自轉圓圈。先將此法習演純熟，以後可以變化各種圓圈而妙用之。……初試圓圈大而笨，繼則小而活，再則其圈不在外而在內，有圈之意，無圈之形，一剎那間，而妙用發矣。到此地步，可以意會，不可以言；莫知其妙，而妙自在。非有長久刻苦工夫，不能到也。」（同書）圓運動適宜於身體生理上的發展，圓運動更有技擊上之巧妙的作用。

二、圓運動的妙用及走化勁

在人體生理上，由於上章的分析，我們已知道運動無非是肌肉的收縮及伸張，因而引動骨骼借著關節而跟著轉動。肌肉、骨骼及關節都是有彈力性的。凡彈力性的物體，面積愈大則彈力亦大。

太極拳的動作是走圓形的曲線，兩點之間以直線為最短，所以圓運動是適合於生理上的需要，並且圓運動是適合於關節之自然的彎曲狀態。柔軟及連綿的圓運動可以使身體各部分獲得均勻的活動。並且也曾有人舉例說我們搧扇子是走的直線，故風小；電風扇轉環形，故風大。又如舊式船也是走直線的，勞力而慢；輪船機器是轉環形的，快而省力。飛機的機器也轉環形的。至於圓運動在技擊上的妙處，就在「以順避害」及「以輕避重」。所謂「粘連黏隨」及「聽化拿發」，都是在無量數的大小圈圈中加以巧妙的運用。太極拳的一舉手一投足，自開始到末了，都不能離開圓圈。不但舉手投足不能離開圓圈，四肢百骸不動則已，一動則就都不能離開圓圈。在每一個圓圈中，有一虛一實。圓圈是無量數的，也就有無量數的虛實。即一指之微，有圓圈有虛實。從頂至踵，循環著無量數的圓圈及虛實。變換不盡，即運用無窮。在應敵時，太極拳的招架便是攻擊，攻擊也便是招架。因為處處都是圓圈與虛實，就在每一個圓圈及虛實中，分一半是招架，一半是攻擊。一半是走以化敵，一半是粘以制敵。工夫越深的人，圓圈越小。有時還沒有看見他轉動，已極盡招架與攻擊的能事。以下分「走」及「黏」兩方面來說明圓運動的妙處（人剛我柔，謂之走；我順人背，謂之黏。語見太極拳解）。

太極拳上普通有所謂剛柔勁之分。其實凡一種勁，若有抵抗性的，不論其勁之大小，都可謂之剛勁。反之，若有一種勁，能隨敵勁以為伸縮而不含抵抗性的，都可謂之柔勁。柔勁以伸縮性為最重要；若無此性，則一遇敵勁，便無復活的希望，只是一種死勁。剛勁以強為勝，遇強則折，勢所必然。

太極拳是以柔克剛，敵方用剛勁打來，我方則逆來順受，決不與之抵抗，就敵方力來的大小及方向，加以走化。走化的方法，就是利用大小的圓圈。圓圈沒有角，轉動起來自以圓活見長。當我們在招架的時候，敵方正中方向來的力，便為我方的圓圈轉向斜方，力的分量也就跟著滑脫了大部分。除非對方的動作也是圓圈，否則所有對方來的走直線的力，與我方的圓周所構成的角都只是斜角。

在力學上我們知道斜角的力是不能集中，力因分散而減退，其力的減退與斜角大小成正比，所以走化起來也是省力得很。並且人體有自然的彈性，練拳久了，便覺兩手柔軟沉重而富彈性，也就是太極拳上所謂「掤勁」。順其勢而行之，自有無限的功效。

走化了敵方的力，然後便須對之加以牽制。在敵方失去重心的一霎那間，我方發勁攻擊之，這是太極拳的必勝戰略。如何牽制敵方，這就要粘隨。跟著對方的動作，加以粘隨，使無攻擊的對象。粘隨的方法也就是利用圓圈，變轉虛實，用無限的圓圈將對方套進了我方的圓圈，使對方的手腳如被蜘蛛的羅網所纏縛，有力也無所出，欲跳脫也有所不能。而我方則兩臂往復，搓弄如玩圓球，神氣閒逸，態度自然，以輕避重，以順避逆，對方即有千鈞的力也不能勝我。

所以太極拳的勁，無始無終，連綿完整，循環轉動，妙處無窮，不過須要練習得法，運用才能輕靈。平日練拳或推手時，所謂尾閭中正，以腰為主宰，便因動作若從尾閭發端，腰為車軸，方足以身軀來運動四肢，不是以四肢來牽動身軀。尾閭有圓圈，則各部的圓圈能黏能走。若尾閭不起作用，也就是四肢沒有了根本。這是不能不注意的。

第五節 「聽化拿發」之勁的運用

一、什麼是太極拳的勁

「聽、化、拿、發」，這是太極拳技擊的四個步驟。太極拳不以拙力勝人，卻以鍛鍊出來的「勁」來制敵。「勁」與「力」不同。因為「勁」是以彈性為主。凡能夠聽對方之力的是聽勁；凡能夠化對方之力的是化勁；凡能捉拿對方之力的是拿勁；凡能發擊對方之力的是發勁。

除了這四種「勁」以外，太極拳上還有所謂「掤、攌、擠、按、採、挒、肘、靠」各勁。太極拳上所謂勁，並不如他家拳上的所謂力。因為力是打人的，但是勁不一定是打人的。練拳的結果，自然地產生了一種功夫，這是勁。

在推手時，初練的人常覺對方的兩隻手臂十分沉重有力，並且直逼我身，支架不住；即或支架一時，也不能支架持久。往後功夫深了，自然地產生了一種「掤勁」，便能安然擋之而不吃力。又如未練太極拳的人，你一拳打過去，他便用力抵抗過來，力大的人自然可以得勝。

但練太極拳有功夫的人，他便能同時刻的不加抵抗地鬆了，走了，

化了，這是柔勁，或叫化勁、走勁。至於這四個字在技擊上的意義，就是說明我們要「發」，須先「拿」；要「化」，須先「聽」。因為能聽才能化，否則只是亂化，反容易陷自己於不利的地位。因為能拿才能夠發，否則只是亂髮，用力勝人，並不是太極拳的打法。

在捉到了對方失勢的時候，加以「專注一方」的發擊，要快，要直，便可使對方「跌出丈餘以外」了。

二、太極拳之勁的運用

「聽、化、拿、發」，也可說是太極拳打人的四步曲。聽勁由懂勁而來。根據太極拳解上說：「由著熟而漸悟懂勁，由懂勁而階及神明，然非用力之久，不能豁然貫通焉。」著熟者，習拳以練體，推手以應用，用功既久，自然懂勁。

什麼叫「懂勁」？「若欲避此病（偏沉則隨、雙重則滯之病，即不分虛實），須知陰陽（虛實），黏即是走，走即是黏。陰不離陽，陽不離陰。陰陽相濟，方為懂勁」。「懂勁後愈練愈精，默識揣摩，漸至從心所欲。」（同上）勁應怎樣運用？「運勁如百煉鋼，何堅不摧」。太極拳在應敵時，無非是各種勁的運用。運勁如抽絲，不但柔軟連綿，並且「極柔軟然後極堅剛」，這樣才能走化。在敵方失去重心的時候，我方則「蓄勁如張弓，發勁如放箭」，則敵方無不隨勢而傾倒。

又曰：「彼不動，己不動；彼微動，己先動。似鬆非鬆，將展未展，勁斷意不斷。」（推手歌訣）應敵時，彼不動則我也不動，以靜待之，以勁聽之。彼若微動，其動必有一個方向，我意在彼之先，隨其方向而先動，則彼必跌出。似鬆非鬆，將展未展，所以聽對方之勁，蓄勢待機。機到則放，放時勁似斷而意仍不斷。勁之巧妙的運用，當在學者的功夫。

第六節　太極拳技擊上的幾個瑣細問題

太極拳之技擊的理論，以上已提出幾個原則加以申述。這是掛一漏萬之舉，自然難得完滿。不過上列各項若能熟思而實行之，已可因應咸宜，受用不盡。平日練推手時多加注意，舉一可以反三。現在更將太極拳技擊上易為人所引為疑問的幾點，稍加解釋，以免誤會。

1. 普通各種拳術的技擊，都以「快」字為先，以「快」來爭取時間。太極拳平日練時卻以「慢」為主，技擊時甚至說「以慢制快」。這是什麼道理？技擊時要「快」的條件，這是不能否認的。普通所謂以手快勝手慢，這卻不一定正確。因為手快必須要快得得法，打得得法；否則亂打亂快，也是沒有效果的，徒快何用？

太極拳練時要用意不用力，不比其他的拳術，只是外形四肢的舉動。太極拳是要做到內部也跟著運動，內外相合，所以動作緩慢可以達到修養的目的。但也不是一味的緩慢。快慢本來是很難有一定的標準的，功夫練到深處，「動急則急應，動緩則緩隨」，大圈圈變為小圈圈而無圈圈，眨眼間已變化萬千。技擊時「以慢制快」，因為太極拳不以力勝，而以機智勝；不以擊人卻以自衛為目的，所以應敵時「彼不動，己不動；彼微動，己先動」。守我之靜以待彼動，蓄我之智以待彼力，彼力來我可借之，以我之從容，待彼之急躁，彼之快速於我何用？我自可以慢制之。並且太極拳上有所謂粘勁。彼方以他派拳法打我，手腳極快。但我方同時進身粘之，彼即無法可以得勢。因為他派拳都以離開見長，離開過遠則不能上我身。凡手足能相及處，彼近我身，我即可粘之。粘之以後，則聽彼之勁，便可制之擊之。彼之快速於我何用？

2. 普通練太極拳的人，多身體平順，態度雍容。若與其他拳家或運動家相居一處，彼則身體魁梧，肌肉發達，力更巨大。如果二人比手之時，究竟誰勝負？

陳微明先生對這個問題的解答是：「二人比手亦猶用兵，多算勝，無算者雖勇必敗。比手則意多者勝，無意者敗。蓋彼用之力，我知之甚悉；我用之意，虛實無定，奇正相生。一意方進，二意又發；二意方過，三意又發。老子所謂一生二，二生三，三生萬物，變化無窮。喜用力者，必為力所拘，不能隨時隨處變化。用意者，屈伸自由，縱橫莫測，機至發動，如電光之閃，炸彈之發，彼雖跌出，尚不知所以然。此意之勝於力無疑也。」（太極拳答問）

3. 太極拳推手時功夫的深淺，怎樣觀察得之？

陳先生的解答是：「自表面觀之，二人比手，自有勝負。若精密診斷：譬如一人體格雄厚有力，一人體格單弱無力，若此二人比手，雄厚者不能將單弱者打出，則此單弱者之功夫必甚深，應當評為較優也。蓋就原人而論，自是強勝於弱；強不勝弱，則強者之功夫，不及弱者明矣。」（同上）

4.太極拳上的「散手」，在技擊上有何價值？

陳先生的意見是這樣：「太極拳七十餘式，均是散手。既有散手，何必又習推手之法。蓋太極拳散手之變化，均由推手聽勁而來。能聽勁則散手方能用之而適當。若不黏住敵人，不知聽勁，則用散手，亦猶外家拳之格打，未必著著適當也。

太極拳論云：『由著熟而漸悟懂勁（著即是散手），由懂勁而階及神明』，可見著熟是第一層功夫，懂勁是第二層功夫。著熟不難，懂勁最難。譬如敵人打一拳來，若不先粘住，則不能聽人之勁；不能聽人之

勁，則不能或左或右，或高或低，或進或退，而施用散手。既粘住之後，若敵人手往上起，則亦粘之而起，即可以左手擊其胸部。若敵人手往下落，則粘之下落；以左手擊其面部。若敵人手往前進，勁偏於左，則隨之向左化去其力，即可分手，以左手粘之，騰出右手擊其頭部。勁偏於右，則隨之向右化去其力，以左手擊其頭部或肩部。若敵人抽拳，則趁勢向前放勁。此略言其大概也。

總之太極拳之散手，與他種拳之散手不同。太極拳之散手，則由粘住聽勁而出。他種拳之散手，是離開而各施其手腳，遠則彼此不相及，近身則互相抱扭，則有力者勝焉。許君禹生所作《太極拳勢圖解》，每式之後，均附以應用，甚為詳細。

余曾叩之楊澄甫先生，云：『太極拳術，若將散手用法加入，則更備矣。』先生曰：『太極拳散手，隨機應變，無一定法。若會聽勁，則聞一知百。若不會聽勁，雖知多法亦用不好。』故余所著之書，未將散手加入也。孫武子曰：『知己知彼，後人發先人至。』太極拳聽勁，全是知彼功夫，能粘住敵人，彼不動，我不動，彼微動，我先動。彼不會聽勁，一動即跌出矣。若太極拳聽勁功夫尚不能到，不能粘住敵人，則不必與人動手可也。」（同上）

5. 還有一點，學習太極拳推手的人須加注意的，在此順便談及，即在推手時應按法練習「聽、化、拿、發」及「粘連黏隨不丟頂」，用腰來轉動身軀及四肢，全神貫注，呼吸自然，全體舒鬆，連綿貫串，初練時不宜找勁太早（找勁者，彼此不照規矩，隨意攻擊化解），太早則喜用力。用力成為習慣，不能得精巧之意，來日成就必不高。

第四章　太極拳之鍛鍊的方法

第一節　太極拳的內容

一、太極拳有各種拳式

平日我們看見人家所練習或表演的太極拳式，每不相同，人各相異。尤其是所謂幾個「名家」的拳式，便大相徑庭。同是北平楊家派的太極拳，吳鑒泉先生的拳式便與楊澄甫先生的大異其趣。據說還有河南陳家派及河北郝家派，而孫祿堂先生的太極拳式又自成一家。初學者常弄得莫名其妙，無所適從。但拳式盡可不同，功夫可有上下，其拳理便不能相差太遠，也可說其拳理則一。

太極拳是用意不用力，它的動作是圓形的且有虛實。一舉動，周身俱要輕靈。一動無有不動，一靜無有不靜。運勁如抽絲，綿綿不斷。極柔軟然後極堅剛，能呼吸然後能靈活。這是太極拳的特色，凡與此種種特色相悖的便不能算是太極拳了。

二、練太極拳的步驟

要太極拳學得好，應注重基本的修養。要學到會「鬆」，會「柔」，會「悟」。怎樣是鬆、柔、悟，及怎能鬆、柔、悟，留待以下詳細研究。太極拳的內容，換言之，我們練太極拳的步驟，約包括下列各方面：

1.盤架子

這是最基本的功夫，指盤運各種太極拳式。初學的人，便先學各種拳式，注意各種姿勢，逐漸地進步，使拳式練得純熟了，姿勢練得正確了，漸致功夫進步，初步地懂得了太極拳的動作及用意。這無形中可增進身體的健康及精神的飽滿。若是生病的人，這無形中可醫治疾病。

太極拳之拳式的架子，有大、中、小及高、中、低的分別，前者是根據架子的開展程度而分，後者是根據架子的蹲下程度而別。這已是功夫的深淺問題，不是初學的人都可做到的。也有所謂四平架子，即眼平、手平、腿平及襠平。太極拳之拳式的架子，以練的方式而分，又有左式練及右式練兩種。這無非使拳式練習得極其純熟，一舉手一投足，漸至失其所覺。盤架子的功夫從初學到以後，是無限量的。其進步的程度及其進境的程度，都要看學習者的用心程度如何而不同。

2. 推　手

盤架子是一個人單獨練的；推手必要兩個人練習。推手是盤架子的應用，它的動作雖僅掤、攌、擠、按四式，但其變化無窮（擠按坐前腿，掤攌坐後腿，足尖向前）。

技擊的原理，可由推手中靜悟出來。它可以使各種拳式得以應用。因為兩個人相伴練習，所以趣味濃厚。推手時用一隻手的，叫做單推手；兩隻同時並用的，叫做雙推手。雙推手又分原地推手及活步推手兩種（活步可以兼練腰步）。「大攌」是練習採、挒、肘、靠四式，也可叫做活步推手的一種。不過活步推手是直線的行動，即此進彼退彼進此退的變動著；大攌則是練四斜角的行動方法。

3. 散　手

這是進一步的功夫，將盤架子中的各種拳式隨意應用到兩個人的技擊的研究。它必須要拳式極純熟後，才可隨意伸屈及隨心所欲地盤運各種拳式，守或攻，化或發，演來趣味最多。

4. 器 械

利用太極拳拳理以使用各種器械，如劍、刀、槍、棍等。現代我國太極劍的名家較多，功夫都很好。倘若不談功夫，各種太極劍、刀、槍、棍等，都是最好運動的一種，演來也都很美觀。就以劍法而說吧，若練到「劍到勁到」，「劍隨風舞」，那便不是普通的成就了。練器械比練徒手的功夫要更深一層。我這話當然不是指那僅僅學會幾種劍式而已的。我學了幾年的太極劍，到現在仍是太不成樣子的。

太極拳的內容略如上述，以下談它的鍛鍊方法。

附 錄

尚有所謂「太極長拳」的名稱，大概因太極拳的拳法綿綿不斷，如「長江大河，滔滔不絕」，所以在太極拳的名稱中更加一形容的「長」

字。不過根據楊家所授太極長拳的拳式，與太極拳的拳式稍有不同，但相差也極有限。是否就此用一「長」字，加以區別。以下附錄太極拳式及太極劍式的名稱及次序，以備參考。

1. 太極拳式名稱及次序

太極起式　　攬雀尾（掤擺擠按）
單　鞭　　提　手
白鶴展翅　　左摟膝拗步
手揮琵琶　　左右摟膝拗步
手揮琵琶　　左摟膝拗步
進步搬攔錘　　如封似閉
十字手（以上合為第一節）　　抱虎歸山
攬雀尾（掤擺擠按）　　斜單鞭

肘底看錘
左右倒攆猴
斜飛式
提　手
白鶴展翅
左摟膝拗步
海底針
扇通臂
撇身錘
上步搬攔錘
攬雀尾（掤握擠按）
單　鞭
左右雲手
單　鞭
高探馬
左右分腳
轉身蹬腳
左右摟膝拗步
進步栽錘
翻身白蛇吐信
上步搬攔錘
蹬　腳
左右披身伏虎式
回身蹬腳

雙風貫耳
左蹬腳
轉身蹬腳
上步搬攔錘
如封似閉
十字手（以上合為第二節）
抱虎歸山
攬雀尾（掤擺擠按）
斜單鞭
左右野馬分鬃
上步攬雀尾（掤擺擠按）
單　鞭
左右玉女穿梭
上步攬雀尾（掤擺擠按）
單　鞭
雲　手
單　鞭
斜身下勢
左右金雞獨立
左右倒攆猴
斜飛式
提　手
白鶴展翅
摟膝抝步

海底針
撇身錘
攬雀尾（掤握擠按）
雲　手
高探馬
摟膝指襠錘
單　鞭
上步七星
轉身擺蓮
上步搬攔錘
十字手

扇通臂
上步搬攔錘
單　鞭
單　鞭
十字腿
上勢攬雀尾（掤握擠按）
斜身下勢
退步跨虎
彎弓射虎
如封似閉
合太極（以上合為第三節，完）

2.太極劍式名稱及次序

太極劍起勢　三環套月
魁星勢　燕子抄水
左右邊攔掃　小魁星
燕去入巢　靈貓捕鼠
蜻蜓點水　黃蜂入洞
鳳凰雙展翅　左旋風
小魁星　右旋風
釣魚勢　左右龍行勢
懷中抱月　宿鳥投林
烏龍擺尾　風捲荷葉
獅子搖頭　虎抱頭

野馬跳澗　翻身勒馬
上步指南針　迎風拂塵
順水推舟　流星趕月
天馬行空　挑簾式
左右車輪劍　大鵬單展翅
海底撈月　懷中抱月
夜叉探海　犀牛望月
射燕式　白猿獻果
鳳凰雙展翅　左右跨攔
射雁式　白猿獻果
左右落花　玉女穿梭
白虎搖尾　虎抱頭

鯉魚跳龍門　烏龍絞柱
仙人指路　風掃梅花
虎抱頭　指南針
抱劍歸原（完）

第二節　太極拳的基本修養

要學會打太極拳並不難，一個月內可學會各種拳式；三五分鐘內可練習一套。但要學得好，學有心得，練有功夫，卻不能不注意學習或鍛鍊的技巧或方法。持之以時間，功夫便能日有所成，而身體便跟著壯強起來。黃元秀先生在武術偶談中說：「所謂增功夫者，即學者之氣日漸增長，不致氣喘身搖。手足日漸輕靈，腰腿日漸柔順，手掌足底日漸增厚，頭部與兩太陽穴日漸充滿，精神充足，思慮周到，發聲洪亮，耐饑

耐寒，能鎮定，能任勞，飲食充分，睡眠酣適等等，可以證到。」此外體重增加，肺活量增大，都可以用量器加以測量。

至於太極拳鍛鍊的方法，第一步，先要注意基本的修養，使身體狀態做到「鬆」及「柔」，使心理狀態做到「悟」，則學習者在開始的時候，便可踏上了光明的大道。但是怎樣是鬆、柔、悟，及怎能鬆、柔、悟，以下將分開來加以研究。雖然這三種修養是隨功夫的深淺而程度不同，但不注意的學者，便會將它疏忽，因此耽誤了應有的進步。

一、「鬆」

這是學習太極拳應有修養的第一步。鬆，就是鬆弛，鬆開，鬆淨。鬆，就是將身體上各器官之一切的緊張狀態，讓它自然地鬆弛，一切弛懈，一切寬鬆。不但只是「身」的鬆開，「心」上無思無慮，一無牽掛，所謂鬆到極端只是一個「淨」。平日我們說：「多動勞身，多慮勞神。」疲勞的原因是身體各器官緊張過度的結果。當四肢運動的時候，必須四肢肌肉的緊張，一方面拉動骨骼，演成運動的狀態；一方面壓出細胞內的力，使趨向於目的物。而肌肉的過度或繼續過久的緊張，會使組織失去伸縮的彈性。在肌肉失去伸縮的彈性以後，組織就鬆懈了而不能再緊張起來拉動骨骼；同時細胞內存儲著的力，因為壓迫過久，幾乎完全消失了，因此起了一種要求補充的現象。這兩種現象的集合，便造成疲勞。至於軀幹的肌肉，因為要維持軀幹的安定，也免不了緊張。此外，如寫字時手肌肉的顫動與緊張，安坐時肩、背、兩腿的緊張，這則是種種無意識的緊張，不應有的緊張。

如何避免過度的及不應有的緊張，即可減少身體的疲勞，所以鬆開也就是疲勞的預防方法，及解決疲勞的休息方法。

當練太極拳的時候，鬆可以避免疲勞，鬆可以使身體各器官獲得應有的解放。鬆就是「滿身輕利」，就是「周身輕靈」。同時鬆可以使呼吸自然，不急不迫，所謂「氣以直養而無害」，氣就是指呼吸。

靜止的時候保持滿體鬆弛的狀態，這是「鬆」。而運動的時候保持滿身輕靈的狀態，沒有不應有的緊張，這也是「鬆」。鬆是態度舒適，是「自在」（佛家語），任其自然存在。身體內外，聽依地心吸力，向下垂注，一無絲毫勉強的支撐。身體內的各細胞都得到解放及「自在」。鬆是「無極」，「陰陽未判」，「虛實未分」，「混沌一氣」，「返歸嬰孩」（道家語），排除一切後天的曲蔽而回復到無思無慮之孩提時代的滿體寬鬆的狀態。

當我們正面或者半側面站立的時候，使全身的部位完全適合於力學上的支點的定則，沒有覺著一處不落位。各處關節，保持天然的稍微的彎曲。然後自上而下的從頭部到頸部，到肩部、胸部、兩手、腹部、臀部、大腿、兩脛，依次察覺下去，看有否不自然不適意的緊張部分。又覺呼吸是否自然而不受阻礙，留意把呼吸安定下去。然後，一切弛懈，一切開鬆，使整個身體順著自然的地心吸力，往下垂注，完全是無意而自然的垂注。骨如骨架子，筋肉安放在骨架子上。耳反聽，目內視。呼吸如粗而有聲，只需除去口、鼻、頸、胸各部的緊張。氣道變寬，氣息自然地就輕。全身的血流，循環上下，似乎可以覺得靜靜的在流著。這就是鬆，這就是身心無上的休息。

二、「柔」

這是第二步的修養。能鬆，尤須能柔。因為在運動的時候，運動部分的肌肉自然地緊張。鬆可以避免不應有的緊張，柔是使運動部分的肌肉不致過度的緊張。一舉手一投足，前進或後退，左轉或右轉，柔是使動作都柔軟自然及柔韌輕靈。「運勁如抽絲，綿綿不斷」，是說行動如抽絲，必須慢中帶柔，綿綿貫串。並且「一舉動，周身輕靈」，「無使有凸凹處，無使有斷續處」。練推手時應該能做到「不丟頂」，要能「聽」、「化」，這先應自己的動作能做到「柔」。柔到「一羽不能加，蠅蟲不能落」，「極柔軟然後極堅剛」。柔是使軀體了無一寸著力之處，舉動輕靈柔軟。凡屈伸仰俯周旋之態，一如落雲行太空，毫無阻隔，毫無停滯。既無停頓處，更無棱角處。沒有忽急忽緩，也沒有粗聲暴氣。滿身鬆弛是靜止時的最好休息，舉動柔軟是運動時的最好休息。

三、「悟」

這是第三步的修養。學習太極拳應該多用思想。它的動作是「用意

不用力」，它的懂勁是「默識揣摩，漸至從心所欲」，練拳時「勢勢存心揆用意」，「變轉虛實須留意」，這都是悟。它注重身體的運動，更注意心理的鍛鍊。它要形意合一，形到意也到。手足所到之處，意識也隨之而到。一切的動作，都是由意識來支配。所謂「若言體用何為準，意氣君來骨肉臣」。總之，「悟」包括兩種意思：

㈠學習太極拳應該要悟。不但多練習，還須多思想；不但多練習各種拳法，還須多思想它的理論，才會進步迅速。

㈡練太極拳應該要悟。要用意不用力。要「以心行氣」，以「心為令，氣為旗，腰為纛」，它不僅使肌肉及內臟有適當的運動，更注重意識中樞的鍛鍊，使能收集中及統制的作用，內外相通，形意合一。在靜「悟」中，發揮太極拳的全部潛力，也就是勁。

第三節　太極拳的正確姿勢

練拳首應注重正確的姿勢。什麼是太極拳的正確姿勢？太極拳是順乎自然。人身之自然的姿勢，便是太極拳的正確姿勢。只因人自孩提以後，因為生活環境的影響，跟著年紀的漸長，人身的自然姿勢便逐漸地失去了。駝背、屈頸、圓肩、彎脊、狹胸、鼓腹、扭腿，不一而足。甚至使身體正常的發育發生障礙。所以一個健康的人，他的「坐、立、行、止」應有正常的姿勢。我們要把身體弄好，須先注意正確的姿勢。

現在列舉太極拳的正確姿勢如下：

1. 虛靈頂勁：頭容正直，神貫於頂。
2. 含胸拔背：胸略內涵，背脊拔起。
3. 沉肩垂肘：兩肩鬆開，兩肘下垂。

4. 尾閭中正：尾閭要收，不俯不仰。

5. 腰胯鬆開：腰胯能鬆，下盤穩固。

6. 實腹虛胸：上鬆下實，氣沉丹田。

7. 立身中正：不偏不倚，支撐八面。

練習各種拳式的時候，雖然地位不同，姿勢各異，但從開始「太極起勢」到最後「合太極」為止，總不能離開了以上的幾種基本姿勢。「太極起勢」是太極拳預備的姿勢。站定時頭頸部應正直（如頭部被用繩索吊起懸掛著），內含頂勁。兩眼向前平視。胸微內涵，背脊拔起。兩肩下沉，兩肘微垂。兩手垂下，指尖向前，掌心向下。尾閭中正，腰胯鬆開，兩足距離與兩肩相齊。在這時，凝神息慮，心靜意舒，順任自然站立的姿勢，守我之靜，以待出勢。「合太極」是太極拳終了的姿勢。仍舊回復到原來的位置。此時應該始終一貫，不可稍有散失。滿身自有一種輕鬆及舒適的感覺，而心境上也必清淨。

太極拳的姿勢，總之要平正及安穩，要順任自然，要帶些含蓄。有些姿勢如果在形式上一時不能做到，但要有這種樣子的想像作用。並且各種姿勢非但在練拳時應注意，必須能應用到日常的起居上。這樣日子久了，習慣成為自然。

第四節　太極拳的正確動作

太極拳的姿勢要「鬆」，動作要「柔」，用意要「悟」。「一動無有不動，一靜無有不靜」，「靜如山岳，動若江河」，「虛實宜分清楚，一處自有一處虛實，處處總此一虛實。周身節節貫串，無令絲毫間斷」。在盤練太極拳架子時，「太極起勢」為靜止狀態，一出手一出腿，便一動無有不動，動中求靜，連綿貫串，變轉虛實，上下相隨，內外相合，輕靈圓活，柔軟舒展，「邁步如貓行，運勁如抽絲」，「形如搏鳥之鶻，神如捕鼠之貓」，氣遍身軀，務令順遂，如長江大河，滔滔不絕，到「合太極」而仍歸於靜止。

太極拳的動作約有下列幾種原則：

1. 動中求靜

心要能夠靜。動中求靜，以靜禦動，雖動猶靜，靜才不致散亂，靜才能專一，靜才能用意，靜中才能悟。太極拳的動作要做到動中能靜。

2. 分清虛實

怎樣是虛？怎樣是實？如全身都坐在右腿，則右腿為實（右腿肌肉緊張），左腿為虛（左腿肌肉鬆弛）。全身都坐在左腿，則左腿為實，右腿為虛。虛實能分，而後轉動輕靈。太極拳的動作，不僅兩腿應分清虛實，全身處處都應虛實分明。

3.圓的運動

太極拳的動作都成圓形的。圓雖有大小不一，但巧妙便在這些無量數的圈圈當中。它不但要四肢作圓的運動，並且身軀處處都成無量數的圈圈。

4.上下相隨

太極拳論中說：「其根在腳，發於腿，主宰於腰，形於手指；由腳而腿而腰，總須完整一氣。」太極拳的動作，是手動腰動足動，眼神也隨之轉動。是足到手到腰到，眼也到。這樣上下相隨，全身貫串，如百節蜈蚣，一處行動，百節靈活，才可有圓活之妙。

5.內外相合

太極拳所練在「神」（精神），所以說：「神為主帥，身為驅使。」精神能提得起，自然舉動輕靈。架子不外虛實開合。所謂開者，不但手足開，心意也與之共開；所謂合者，不但手足合，心意也與之共合。能內外共成一氣，形意合一，則力不分散，得心可以應手。

6. 連綿貫串

練太極拳不能斷斷續續，必須完整一氣。行動要柔，也要勻；行動要慢，但須貫串。用意不用力，自始至終，綿綿不斷。週而復始，循環無窮。正如抽絲一樣，要動作快慢均勻連綿繼續才可。

7. 用意不用力

練太極拳時，全身鬆開，動作柔軟，不用分毫的拙力。由意識來領導行動，一任自然，運動周身。因為用力則身體陷於僵勁，轉動便不靈活，氣容易浮起，呼吸即遭受壓迫了。

初練太極拳的人應求架子舒展，動作愈慢愈好，適宜於學習高架子及大架子。但仍須看學者身體的情形，就四肢可能的範圍內，以定步子

的大小、蹲下的高低以及圓圈的大小，總以求舒適及開展為標準。往後功夫進步，應該練習小架子、低架子以及四平架子，使伸屈開合更能自由。所謂「先求開展，後求緊湊，乃可臻於縝密矣」。

為拳架子的純熟起見，除左式練習外，也可學習右式練，即本來由左足左手先出的，現在改由右足右手先出；本來拳式由右向左逐漸進行的，現在改由左向右進行。總使熟能生巧，漸致隨手隨足的變換，無不都是太極拳式。

太極拳初練時要慢，由三分鐘、五分鐘、十分鐘、二十分鐘、三十分鐘，到一點鐘以上。就一般的情形而說，初練時要慢卻不容易，跟著功夫的進步，才會逐漸的能夠慢了，需要的時間長了，持久了。但往後也應練「快」，本來練一套拳需一個鐘頭的，現在卻能在三五分鐘內練完。不過這「快」不是「潦草」，一切動作姿勢用意等都仍須能夠一一到家的（可能由大圈而歸於小圈，由小圈而歸於無圈，所謂「放之則彌六合，卷之則退藏於密」）。以後「動急則急應，動緩則緩隨」，急緩快慢，使都能應付隨如，太極拳功夫到此時又進上一層了。

第五節　太極拳的呼吸及「用意」「用勁」

一、太極拳的呼吸

練拳或推手時，應該「氣沉丹田」。氣就是指呼吸。「氣宜鼓蕩」，「氣遍身軀不少滯」，「腹內鬆淨氣騰然」，「以心行氣，務令沉著，乃能收斂入骨；以氣運身，務令順遂，乃能便利從心」，「意氣須換得靈，乃有圓活之妙」，「行氣如九曲珠，無微不到」，「氣斂入骨，神舒體靜」，「氣如車輪，腰如車軸」，「心為令，氣為旗，腰為纛」。……丹田所在是指腹部臍下處。寬胸實腹，使呼吸能達到橫膈膜，便是「沉」。

太極拳的呼吸是行自然的腹呼吸。它的深呼吸是要在全身舒鬆柔軟的運動中自然地進行著，絕不勉強的「調息」。用意識來注視著腹部臍下處，使「氣」能夠沉入「丹田」。腹部是身體的重心所在，定著重心，便可使全身泰然；同時減輕胸部肌肉的緊張，使呼吸作用能夠到達肺尖。吐故納新，氣遍身軀，自有輕鬆之感。

所以練太極拳時姿勢要中正，動作要柔慢勻，用意不用力，虛心實腹，呼吸便自然地變為深長平和。所謂「氣」者，就自然地下沉。

二、太極拳的「用意」、「用勁」

練太極拳時不可用「力」，這力是指身體上的拙力，即肌肉緊張時所產生的力。太極拳上的「用意」，可解釋作腦的想像作用。例如意欲行氣，即作行氣的想像；如意欲沉重，即作沉重的想像；如意欲沉氣，即作氣沉丹田的想像。推之一切方法，凡有所欲者，即作如是的想像。久而久之，由習慣成自然，則一切的想像力便能支配生理的作用。這便是「用意」。

這樣的鍛鍊用意，極力避免用力，逐漸地便能產生「勁」。勁是由鍛鍊中得來，它是無力中的力。力拙而勁活，力硬性而勁彈性。力如鐵棒而勁如鋼鏈。鐵棒雖重但易舉，鋼鏈不能整條舉起。

練架子時可以蓄勁，練推手時可以用勁。勁依其性質、人體部位及應用上的不同，可分析做許多的種類。如柔勁、剛勁、接勁、粘勁、化勁、提勁、放勁、借勁、截勁、捲勁、掌勁、腕勁、肩勁、沉勁、開勁、掤勁、採勁等等。勁是在功夫中產生，並非勉強可以獲得。因為功夫的深淺無限量，所以「勁的究竟」便很難說。

練拳到手臂綿軟而沉重，在推手時我們一搭手便可感覺到，這人的拳功已非普通。推手、大攌、散手等是拳式的應用，也是專為練勁而設的。太極拳的技擊，便是勁的運化而已。黃元秀先生以為「兩人一交手，即須研究手、眼、身、法、步五項，並練掌拳肘合腕及肩腰胯膝腳各勁，以及掤攌擠按採挒肘靠，前進後退左顧右盼中定十三勢，方始為推手之目的或推手之本事。」（太極拳要義）

現將推手方法中的「聽、化、拿、發」四勁，分述之於下。至於太極拳之技擊的理論，已詳本書第三章中。所謂「仔細留心向推求」，「功夫無息法自修」，要在學習者的能「悟」。

1. 聽　勁

在推手時，以我的手腕身軀與對方接觸，剎那間知覺對方動作的變化或用力的方向長短，叫做「聽」。這是要憑敏捷的感覺。所以在推手時出手及身軀要鬆、柔、沉、靜、穩，否則便不能「聽」。同時必須做到「粘連黏隨不丟頂」，使我的手與身軀要粘連著對方，不脫離，不頂踵。所謂「人不知我，我獨知人」，「動之則分，靜之則合；無過不及，隨曲就伸」，「動急則急應，動緩則緩隨」……都是聽勁的功夫。

2.化　勁

當對方向我方攻擊時，我聽到了，即加以避開，叫做「化」。自然不明聽勁，即無從化起。能聽才能知敵，能知才能化敵。所謂「捨己從人」，「左重則左虛，右重則右虛」，「近之則愈長，退之則愈促」，「不偏不倚，忽隱忽現」……都是化勁的功夫。

3.拿　勁

「人剛我柔謂之走，我順人背謂之粘」，這意思說我與人接著時，

人以剛硬來撲，我以柔軟走之，這是化勁。借其勁，使人陷於背勢，而我處順勢，仍不與人脫離而粘住。若向其背處稍一發勁，則人必如摧枯拉朽一樣的撲跌出去，能得此機會，叫做「拿」。所謂「引進落空合即出」，「收即是放，放即是收，斷而復連」……都是拿勁的功夫。

4. 發　勁

在拿定對方的虛弱點後，即攻擊之，叫做「發」。所謂「發勁須沉著鬆淨，專注一方」，「力由脊發」，「其根在腳，發於腿，主宰於腰，形於手指；由腳而腿而腰，總須完整一氣」，「曲中求直，蓄而後發」，「蓄勁如開弓，發勁如放箭」，「牽動四兩撥千斤」，「運勁如百煉鋼，無堅不摧」……都是發勁的功夫。

附錄　推手法之原理的說明

十三勢根據五行八卦之理而成，由練架子之十三勢，而發生推手之十三勢。所謂五行，又分為「內」、「外」兩種。

㈠形於外者為進、退、顧、盼、定。

㈡形於內者為粘、連、黏、隨、不丟頂。至於八卦亦分「內」、「外」兩種：

1.形於「外」者為四正、四隅，即東南西北四正方及四隅角是也。

2.蘊於「內」者為掤、攦、擠、按、採、挒、肘、靠。

但形於「外」者為「勢」，蘊於「內」者為「勁」。用勁之時，其根在腳，發於腿，主宰於腰，而形於手指。故太極拳練架子時，蓋所以練勁；練推手時，蓋所以求懂勁也。

①「粘」。如兩物互交，拈之使起。在太極拳術語，謂之粘勁。然非直接粘起之謂，實間接粘起之謂。而含有「勁」「意」雙兼之兩義。譬如敵我兩人推手或交手時，敵人體質強壯，氣力充實，馬步穩固，則勢難向敵人掀動，或移其重心，則用粘勁，即能使敵人自動失其重心。其法先用「意」探之，使敵人氣騰，精神向上注，則敵體上重而腳輕，其根自斷。此即敵人之自動力所致。我則順其勢撒手，以丟頂之勁，引敵懸空，是謂粘勁。

②「連」。貫串之謂。手法毋中斷毋脫離。接續連綿，無停無止，無休無息，是謂連勁。

③「黏」。即粘貼之謂。彼進我退，彼退我進。彼浮我隨，彼沉我鬆。丟之不開，投之不脫。如粘似貼，是謂黏勁。

④「隨」。隨者從也。緩急相隨，進退相依。不即不離，不後不

先。捨己從人，量敵而進。是謂隨勁。

⑤「不丟頂」。丟者離開也。頂者抵抗也。即不脫離，不攘先，不落後之謂也。

⑥「掤」勁義何解，如水負舟行。先實丹田氣，次緊頂頭懸。周身彈簧力，開合一定間。任爾千斤力，飄浮亦不難。

⑦「攦」勁義何解，引導使之前。順其來勢力，引之使長延。輕靈不丟頂，力盡自然空。重心自維持，莫被他人乘。

⑧「擠」勁義何解，用時有兩方。直接單純意，迎合一動中。間接反應力，如球撞壁還。又如錢投鼓，躍躍聲鏗然。

⑨「按」勁義何解，運用如水行。柔中已寓剛，急流勢難當。遇高則澎滿，逢窪向下潛。波暴有起伏，有孔必竄入。

⑩「採」勁義何解，如權之引衡。任爾力巨細，權後知重輕。轉移

只四兩，千斤亦可秤。若問理何在，槓桿作用存。

⑪「挒」勁義何解，旋轉如飛輪。投物於其上，脫然擲尋丈。急流成漩渦，捲浪若螺紋。落葉墜其上，倏爾便沉淪。

⑫「肘」勁義何解，方法計五行。陰陽分上下，虛實宜辨清。連環勢莫當，開花捶更凶。六勁融通後，用途始無窮。

⑬「靠」勁義何解，其法分肩背。斜飛勢用肩，肩中還有背。一旦機可乘，轟然如倒碓。仔細維重心，失中徒無功。

（本篇錄自《太極拳要義》中，註云譚孟賢著。文中對太極拳的所謂十三勢，套著五行八卦之說，似亦言之成理，自圓其說。所解釋各「勁」之處，可供參考之用。）

第六節　鍛鍊時應注意的事項

太極拳是隨時隨地都可以練習的，它不需要巨大的空曠場地，或種種侈奢的高貴設備。精神困頓或意志消沉的時候，打一套太極拳，可以使精神振作，意志奮發。偶或感冒了，打一套太極拳，滿身是汗，病也就消失了。知好的朋友來了，相互的來「推手」一下，在融洽真誠的情況中，練習拳術的遊戲，並體味其中的意境，也是人生樂事之一。如果在一個音樂悠揚的氣氛中，不論單獨練拳、練劍，或雙人原地推手、活步推手，或散手、對劍等，都無不可以按著音樂的節拍，做著柔軟、輕靈及優美的姿態、步伐及手法。

音樂能夠率領人的意志，使動作跟著變換轉動。並且音樂可以休養精神，振作精神。音樂與太極拳的合作或配合，如同隨軍的軍樂及跳舞的「爵士」一樣，這確是一種很好的設想。

練拳的環境條件好，自然進步容易，事半功倍，下一分的努力可得一分的功夫。否則在不適宜的條件下練習，不但對身體沒有利益，反會大生妨礙。這就是我所說鍛鍊時應注意的事項。現在分條舉之如下：

1.練拳的時間，最好在早起之後。能夠每日早晚（睡前）各練一次更好。每一次以練到出汗為度，或一刻鐘或半小時或一小時以上，可各就身體情形而定。時間不可太短，但也不可過長。若一日之中，興之所至，多練習幾套，也決無不可。但練拳要有恒心，不可一曝十寒。

2.練拳的場地，最好在室外通風之處。空氣新鮮，光線充足，景色幽美的所在，自然更好。方向應向南或向東，但以不逆風為準。充滿灰塵或煙火的地方，不適宜於練拳。若在室內，應該開窗通風。

3.練拳時的衣服要寬鬆，不可使有壓迫身體的某一部分，以致妨礙血流及呼吸；同時要使身體四肢能夠轉動靈活，避免穿著沉重拖滯的大褂長袍或緊窄束縛的西裝革履。

4.練拳時要心平氣和，凝神息慮。不可胡思亂想，不可操切躁急。態度要閒適安詳，舉止要柔軟沉著。不可敷衍，也不可潦草。姿勢及動作要做到準確，用意用勁要多思想多領悟。要瞭解原理，也要練習基本修養。

5.飽食、過饑、酒醉、房事之後、大病之後，都不可勉強練拳。練後因汗脫衣，或遽飲冷汁，或即坐歇睡眠，或即行飲食，都大不可。練習的時間過久，以致吃力過甚，有傷身體，殊屬不可。

6.太極拳最主要的標準是「自然」，所以一切都應任其自然，不可有絲毫的勉強存於其間。裝腔作勢，過與不及，都是不合理的。學者記取「自然」二字，便可應用無窮。

第五章 結論

第一節 太極拳在哲學上的地位

一、太極拳引起身心的「革命」

學習太極拳的人，因為每日操練架子並且研究拳理，日子久了，身體上及心理上都起了相當的變化，那就是身心日漸健康，生病的則無形中失去病態，正常的則無形中得到健康，健康的則無形中增加健康；本來意志消沉的人則無形中變為積極樂觀，本來脾氣暴躁的人則無形中變為和平安詳。太極拳已使人對於自己的身體獲得了一次由量的漸變到質的突變的大「革命」，一切都「解放」了，「自由」了，「平等」了；在「和平統一」的狀態下，也「民主」了。

在這裏，應用了以上這幾個政治上的名詞，自然我將身體內的細胞比作國家中的人民，其他身體內的各器官及系統比作國家中的各種大小機構，又心理上的轉變比作思想上的轉變，身體內的各處及各種病象比作國家內的各處及各種亂象。在我們這個國家中，這幾個名詞是何等的重要及寶貴，但現在所缺乏的也就是它們。不過要獲得它們，是否仍可採用太極拳之健身及技擊的理論，這是一個不大不小的問題。現在正要開始討論太極拳在哲學上的地位。

有些人練太極拳久了，對於太極拳的修養很深，因此平日在社會上對人處事的態度，也都「太極拳化」。他們對人很和氣，也含蓄，並且以順避逆；對事很沉著，也曲折，並且以柔克剛；甚至影響到他們對整個人生的看法，以及對自然界的認識，等等。如果一個很嚴正的太極拳家，這是很可能的事。不過太極拳是否可能建立成一種哲學上的學說，這似乎很少人會注意到。

雖然太極拳只是一種運動的方法，正不必這樣的「小題大做」。但是事實上，太極拳對於一個人的影響，確是如此。並且有的人認為太極拳家是唯心論的，這問題可就不小了。非加以研究明白一下不可。

二、太極拳與老莊哲學

太極拳創自道人張三豐。道家奉「黃、老」為祖師。中國的儒道釋三家中，以道家最「玄」。在歷史上道家曾有過幾次苗頭，如漢時以「老」治天下，魏晉時「老莊」風行於士大夫間，宋明的理學家中也不少老莊思想的成分（宋明理學為儒道釋三家的混成），到現在，仍可以

看見各地的「道觀」在奉祀著。至於那些「神仙」、「長生」、「丹藥」種種，似乎已屬道家的流派。

正統的道家，則以老莊為主。老子的思想，以為天地間有道，道為萬物之所以成，道常無為而無不為。他便這樣的由宇宙的認識做出發點，所以他的人生哲學及社會哲學，主張「人法天」，「柔弱勝剛強」，「專氣致柔，能嬰兒乎」，「為無為，而無不治」（見老子《道德經》）。莊子則「萬物出乎無有」，「安時而處順，哀樂不能人」，「物各有其自然，不待人為；順其自然而為，則非我為」（見莊子《南華經》）。所以孔子對老子的印象，在問禮後回來對他的學生說：「鳥，吾知其能飛；魚，吾知其能遊；獸，吾知其能走。走者可以為網，遊者可以為綸，飛者可以為矯；至於龍，吾不能知其乘風雲而上天。吾今日見老子，其猶龍邪！」所以漢時太史公司馬遷這樣批評說：

「老子所貴道，虛無因應，變化於無為。……莊子要亦歸之自然。」（以上均見史記老莊申韓列傳）

這種道家對於宇宙、人生及社會的論說，卻正與太極拳的養生及技擊理論相符合，所以有人說「太極合老」（陳微明太極合老說，見《太極拳術》）。並且道家素來考究養生之術，莊子有養生主達生篇等專論養生之道，所以也有人說太極拳是道家的養生術。練太極拳的人容易趨於老莊的思想（任自然，清靜，無為，無不為），這似乎是很自然的。至於是否是唯心論的問題，這已有人說老子是主張物質是世界上最根本的存在，存在決定意識。「天地不仁，以萬物為芻狗」。並且老子說「自然」是「周行而不殆」，「動而愈出」，這是認識事物的聯繫與變化。「反者道之助」，「有無相生，難易相成」，這是從事物的對立統一中來瞭解變化的原理（艾思奇編哲學選輯）。

這種種卻證明老子正是自然發生的辯證法唯物論者。平日練太極拳時所謂「用意不用力」，「以心行氣」，「心為令」，「先在心，後在身」……這只是指生理上及心理上的動作與用意，固不能與哲學上的唯心或唯物，相提而並論。何況這也不過是物質的作用而已。

三、太極拳取名含義的考證

太極拳之取名「太極」，除了太極拳的動作都是圓形的，並且有虛實（陰陽）以外，是否還含有其他的深意？據陳微明先生的意見，他在太極拳答問中說：「問取名太極，究係何意？答太極本一圓形，為陰陽渾合之一體。太極拳處處求圓滿，分陰陽虛實，故以為名。然此尚是形容其外之體用也。不知人身中間有一穴，為立命之處，名為大中極。大者，太也。此穴即人身之太極中點。立爐安鼎，坎離交媾，即在此處。

太極拳運轉先天之炁，凝神入氣穴，不久則丹生焉。故太極拳能通小周天之氣，較之但枯坐者更為速焉。」這是一說。

此外我們翻查古書，易繫辭上有：「易有太極，是生兩儀；兩儀生四象，四象生八卦。八卦定吉凶，吉凶定大業。」宋理學家周敦頤氏所作太極圖說，更有很系統的說明：

「無極而太極。太極動而生陽，動極而靜；靜而生陰，靜極復動。一動一靜，互為其根。分陰分陽，兩儀立焉。陽變陰合，而生水火金木土。五氣順布，四時行焉。五行一陰陽也；陰陽一太極也；太極本無極也。五行之生也，各一其性。無極之真，二五之精，妙合而凝。乾道成男，坤道成女。一氣交感，化生萬物。萬物生生而變化無窮焉。唯人也，得其秀而最靈。形既生矣，神發知矣。五性感動，而善惡分，萬事出矣。聖人定之以中正仁義，而主靜，立人極焉。故聖人與天地合其德，日月合其明，四時合其序，鬼神合其吉凶。君子修之吉，小人悖之凶。故曰：『立天之道，曰陰與陽；立地之道，曰柔與剛；立人之道，曰仁與義』。又曰：『原始反終，故知死生之說』。大哉易也，斯其至矣……。」

太極圖有說出於道家陳摶，歷傳以及於周子。此文上半說宇宙的本原，下半說道德的本原，原為宋理學本體論的精粹。

馮友蘭氏在《中國哲學小史》上說：「周濂溪蓋取道士所用以修鍊之圖，而與之以新解釋，新意義。此圖說為宋明道學家中有系統著作之一。宋明道學家講宇宙發生論者，多就此推衍。」後來朱熹以為「無極而太極」，「無極」即是無形，太極即是有理。朱將太極又比作他自己所說天地間的「至理」。

《太極拳論》中有：「未有天地以前，太空無窮之中，渾然一氣，乃為無極。無極而太極。」太極者，天地之根荄，萬物之原始也。拳解中有：「太極者，無極而生動靜之機，陰陽之母也。動之則分，靜之則合。……」（見本書第一章附錄）

由於以上的引證，所以有人以為太極拳之取名「太極」，可以解釋做以下幾種含義：

㈠表示太極拳者對宇宙的認識，是「無極而太極。太極者，天地之根荄也」。人得太極之秀而最靈。

㈡「宇宙便是吾心，吾心即是宇宙」，「天下事事物物，只是一理無有二理」（陸九淵語）。人身正如一個小宇宙，其動靜變化與宇宙的同「理」。

㈢養生之術，應參悟天地的化生之理。

太極拳的鍛鍊，便應與之相合。靜止未動作時，為無極狀態（即全

身舒鬆狀態）；一動則無有不動，處處分虛實陰陽，這是太極狀態（即腹實胸寬狀態）。無極而太極，而動靜，而陰陽，而五行，而八卦，而……都須貫串。氣宜鼓盪，神宜內斂，行氣如九曲珠，無微不到；運勁如百煉鋼，何堅不摧；往復須有折疊，進退須有轉換；極柔軟然後極堅剛；氣以直養而無害，勁以曲蓄而有餘；氣如車輪，腰如車軸，乃能渾然圓活。如長江大河，滔滔不絕，這正如天地的無窮變化，化化生生，周行而不殆，萬物因此發榮而滋長了。這也是一說。

四、太極拳是道家養生方法的一種

宋明理學家之所以「妙」，因為他們講「心」，「心」是最難捉摸的。道家之所以「玄」，因為他們講「無」，最多天地間及人體上的虛設。例如道家煉「丹」，是否真有丹鼎及丹爐，以火（有所謂命門火）

或精靈來加以修煉或烹煉。

有人說，這無非只是指人體上的「丹田」，有三種：一居頭頂以藏神，一居中脘（橫膈膜）以蓄氣，三居臍下以藏精。「精足不思淫，氣足不呻吟，神足不昏沉」。又「眼珠光澤，舌底津津者，其精必盈；發音洪亮，言語清明者，其氣必盛；眼皮紅滿，指甲赤潤者，其血充行。」所以煉丹之士，希望精氣神三足，長生不老，返老還童，最後成為「神仙」。神仙則縹緲無為而為所不為，行止不定而無所不行不止，動靜不分而無所不動不靜，終究與天地合而為一。

說到道家，以上已說過老莊為正統。其實老莊所談的還屬於純粹的哲學部分。及至漢時，張道陵出，始與宗教聯繫起來，組織而成所謂道教。於是加以濃厚的神秘色彩與迷信的成分，內容由理論而轉向實踐，講究修煉和種種道術。

這方面最早的兩部書是漢時魏伯陽的《周易參同契》與張紫陽的《悟真篇》。書裏面所說的都是如何修煉成仙得道的話，玄虛難解。據說這兩位後來都成為仙人。到魏晉時，因風氣所及，便被一般的士大夫作為研究的對象。老莊之學也突然「吃香」起來。自後抱朴子葛洪的《抱朴子・內外篇》出，於是神仙之說更盛行一時。因為他書中所說的更儘是修身、養生及成仙的話。

所謂「神仙」，即取莊子書中的話：「藐姑射之山，有神人居焉。肌膚若冰雪，綽約若處子，不食五穀，吸風飲露。乘雲氣，御飛龍，而遊乎四海之外。」再加以發展而成的一種長生不死，不必吃飯，而能夠騰雲駕霧的「人」物了（可應稱「神」物）。

當時道家各種求長生不老的方法，也就層出不窮。左道旁門的有各種「採補」、「服用」等等，花樣很多，據說有三千六百門之多。正宗的方法就是煉丹（金丹大道），不過也有種種方式。此中有一種叫做「清淨孤修」。凡修煉達到相當程度的人，都要跑到那些人跡罕到的深山古寺中，去過絕對清淨的生活。因為修道的人，最忌的是人世間之肉的享受與現世的種種誘惑。為了拒絕這種種的誘惑，只得向深山逃避。他們靜坐、調息、「面壁」，做種種的苦功。

這種練法，和太極拳一派相通。所以有人說，太極拳是道家養生方法的一種。因為這有三點理由：

第一，認為太極拳和其他拳術，大異其趣。它著重心理修養，所謂「悟」，所謂「氣沉丹田」，完全是煉丹家的話。它由靜到動，由柔軟而堅剛，都是和煉丹家一個派頭。

第二，張三豐自己就是一個武當山的丹士。他的拳術是研究達摩祖師的內功而悟出來的一種功夫。

第三，那時的丹士深居高山大澤之中，時有被猛獸及土人傷害的可能，因此才被發明出一種原理相同的自衛的拳術來。並且靜坐著做功夫，久了必須有一種運動，可以舒展血流。

五、太極拳不能算一種哲學

以上的話，拉雜的雖說了一大篇，末了，我總認為太極拳只是心身並修，全身平衡而理想的運動的一種。它只是一種「術」，技術、技巧或方法。我們不能將它牽強附會到哲學上來。

太極拳固然可以影響到我們平日生活上的對人處事，但對哲學的研究，這是要憑著理性的。根據生活經驗及理論研究，我們自己可以建立一種健全的人生觀及世界觀，甚至方法論。太極拳只是怎樣使身體健康的一種方法，它固然可以影響到我們生活的態度，但不可改變我們的思想。有之，則因練拳的結果，使我們的身心健康了，於是由消極而積極，由悲觀而樂觀，對生活增加了無限的勇氣而已。

老莊的思想，道家的學說，及種種，固然有其發生的時代背景及其本身的優點，但不是生在現代的我們所應該有的。同時我們也不必因為太極拳的取名「太極」，就加以玄而又玄的想入非非，因為這樣反致誤了我們運動的本意。所以我的結論是，太極拳不能在哲學上獨立地成為一種學說，它是不能算一種哲學的。

第二節　太極拳是一種藝術

一、太極拳家是一個藝術家

與其認為太極拳有哲學上的意味，不如確確實實地認為太極拳是一

種藝術，一種健身修心的藝術，或者一種藝術化的運動。太極拳是理想的運動的一種，這在本書的第二章中已可獲得科學上的根據，它是身心兼修的最好的一種方法、技術或藝術。

一個太極拳家，也就是一個藝術家。藝術家是「美」的探討者，他要有素養，要有鍛鍊，要忠於他的生活，也即要忠於他的藝術。他有他藝術上的使命，他並不只是為了藝術而藝術。這一切，太極拳家都是具備的。

太極拳的學習者，他為了要使他的身心健康，他練習太極拳的拳式，他研究太極拳的拳理。在開始時，他只是學會了。跟著時間的進展，他熟識了。他要練習正確的姿勢及動作，他要使他的拳式非但準確，並且美滿，慢慢的他純熟了。他的姿勢是這樣的柔美，他的身體是這樣的健美，他的態度是這樣的幽美。他使人看了與他同化。他有他自己心理上的愉快狀態，他有他自己身體上的健全成就。他是一個藝術家。他有藝術家的風度，他有藝術家的素養。

二、太極拳是藝術的二種含義

練太極拳也好像練字一樣。在開始時，你學會了各種筆法，你要練寫字的姿勢及手勢，並且要練基本的修養。以後逐漸的熟練了，你能夠懂得了「美」，你能夠變化，你能夠應用各種筆法，你的字才會美化，使人家看了也覺得美。往後你純熟了，能夠「神而明之」，你才能成為一個有藝術修養的書法家，一個藝術家。

太極拳是一種藝術，這包括有兩層意義：

㈠太極拳是「術」，它是健身的「術」；

㈡太極拳是「藝」，它練之有素，是一種武中有文的「藝」，與文中有武的「藝」。

它有美的要素在內，所以在太極拳的下面再加一個「術」字，成為「太極拳術」是很恰當的。

太極拳練時，雖然外形上不過步法的轉換，手法的盤旋，腰為主宰，伸屈仰俯，牽動往來。步則一虛一實，手則大小圓圈。但在內心中，呼吸自然，凝神息慮，專心一意，內外相合，形意一致。在靜淨的狀態下，一舉手一投足，周身輕靈貫串，柔軟舒鬆，不即不離，綿綿不絕。如行雲落於太空之中，悠悠然，飄飄然。在千變萬化的運用中，盤練著各種拳式，演來天衣無縫，全整一氣；看著的人無不為之神往意往，同歸合一。

而練拳者內心的輕鬆舒適，意境幽幽，與天地合而為一，真是有說不出的愉快之感。這還不能稱為一種藝術嗎？練太極拳到這種地步，還有什麼疾病存在？

第三節　太極拳的進化說

一、武術技擊之史的演化

若依據人類文化的發展史來說，拳術技擊的起源，必遠在太古之時。並且必因生活環境的需要而自然發生的。不過沒有如同現在的一樣，有全整的一套，並且名目繁多，更有拳譜。

離開現在約幾千年前，在漁獵畜牧的時代，人類的給養無非直接地取自自然界中，所謂「茹毛飲血，以獸皮禦寒」等等的生活狀況。所以當時的人必須要身手矯健，才可征服奇禽怪獸。所用的器具，由石器而青銅而鐵器的，並且須要能夠善於運用它們，以幫助身手所不及的地方。凡深入山林，險涉崎嶇，每遇兇猛的禽獸，須與之作生死的搏鬥。並在不同部落相遇的時候，為了利害的關係，相互搏鬥，殘殺對方，是常有的事。所以技擊在當時確實非常重要，它是生活上所必需的。

到了進入農工業的時代，初步的國家形式形成了，而國與國間又免不了爭鬥的事。到此時雖已能製造各種鐵質的刀、槍、劍、戟以及弓矢等，但必須要熟練其使用的技術。於是便有能手者出，為適合當時的需要，逐漸地歸納了各種徒步的或器械的技擊方法，或法於禽獸的動作，或稍稍加以創造，使能有系統化，可以便於傳授，使達到鍛鍊身體及技擊禦敵的目的。聯合許多的個人，因此便構成一支衛國干城的武力。這關係於一國的存亡興替，所以都十分注意。

往後逐漸地進步，能手輩出，各種技擊的名稱及方法，不論徒手的或器械的都漸進複雜而整齊。中國的這樣時期十分長久，一直要到西洋

化的槍炮傳入以後才逐漸地衰落。因為它護身禦敵的作用已漸失去，代之而起的為以健身的功效為主。

有許多人慨歎現在技擊家的數量大大的減少，一代不如一代，而質更低落，原來，這是時代的轉變，並不是古今人的不同。古時除「文狀元」外，還有「武狀元」，國家對技擊武藝的重視正如同現代國家對軍事的重視是一樣的。在讀西洋史的時候，上古希臘時代的斯巴達重視體育，實行軍國民教育，有所謂「奧林匹克運動會」，也無非是軍事的目的。現代有某些國家，一年中定期地舉行著軍事操練，正與之相同。它與現代的運動會，已有了質的轉變。

歐洲中古時的騎士或武士，竟形成一種階級，耀武揚威，曾紅極一時。到十字軍東征的時候，更跋扈得勢。當時的騎士或武士，都要能夠善騎，善劍，善技擊。直到槍炮發明，尤其在工業革命以後，風氣大變，社會制度已起了很大的變化。

近代的資本主義已開始發展，代之而起的是各種健身的運動方法。關於國與國之間的利害戰爭，以及人與人之間的利害鬥爭，已趨向智力的運用。據說文明人認為肉搏太殘酷，故已使用各種新式的文明的槍炮、炸彈、毒氣以及火箭、原子彈等，頃刻間毀滅起來，對方的人數是不勝計算的。

現在所重要的是怎樣使身體健康，由健康的身體來發明各種武器，卻不在本身的武藝是怎樣的高明。就以劍術來說吧，不論東西洋，學習它的人，已不把它當做護身的甚至衛國的（軍事的）工具，學習的目的是在使身體有一種合理的運動。因為運動是可以健身的。再就以著重雙人對打的西洋拳、日本柔術、中國摔跤，其打人衛身的目的已逐漸淡薄，也無非使身體多一種趣味性的運動而已。

總括武術技擊之進化的史跡，不論是徒手的拳術，或是器械的刀劍槍術等，並且不論是東西洋之地理上的區別，我們可以得到下列二點結論：

㈠技擊的演進是跟著人類文化的進化而進化的，由簡單而複雜，由簡單而全備，由徒手而器械，由原始的而科學的，由用蠻力的而用意識的。

㈡技擊的目的，最初是對自然界的征服，後來是對同類的征服。由生活上生存的必需，進而為團體上生存的必需。由護身禦敵衛國之軍事性的目的，進而為以健身的目的為主。

二、太極拳的始創者

太極拳在中國究竟起於什麼時候，及創於什麼人，本書第一章中已談到，覺得考證很難。除了有說唐代已有許宣平夫子已能太極拳外，當以宋末的張三豐最為可靠。至於談武術而拳理同於太極拳的，在中國確實不多。

凌善清編《形意五行拳圖說》中說：「中國自古所傳的武技大都偏重於刺擊，到六朝時有天竺僧達摩，從西域而來，傳授達摩拳、達摩劍及形意拳等，意在於攝生而刺擊次之。梁普通中，達摩渡江赴魏，卓錫於嵩山的少林寺，面壁九年而化去。寺僧有得其一體者，復興中國固有的武技，會而錯綜之，超逾騰趠，以之勝人。於是始有所謂少林拳者名於世，奉達摩為少林派的始祖。而其拳法離達摩所傳之意，已日愈遠。北宋時有張三豐者，隱武當山為黃冠，究心達摩之術者若干年，得其玄奧，乃盡棄少林的成法，而一以練氣為主。有從之者，即授以形意拳以為練習的初步。成效既著，學者蜂起，世人遂名之曰『內家』，而稱少林為『外家』。」（除了形意拳以外，還有八卦拳也與太極拳的拳

理相近）

由於這種說法，所以有人以為太極拳的創始，係因當時技擊之術盛行，但都趨尚猛烈迅速，屏息鼓氣，以及堅緊肌肉，於是發生一種反感或反動。所以人主猛烈，彼則柔和；人主迅速，彼則平順。主張養氣以避屏氣之害，舒展筋骨而不尚堅硬，並且參合陰陽原理，而成虛實奧妙。雖其柔也，而不脆弱；雖其慢也，而不呆滯。寓剛於柔，寓快於慢。由柔得剛，則剛柔咸宜；由慢得快，則快慢如意。如此可以養生，也可以制敵。太極拳原理之合於健身的生理與心理，以及技擊的力學，確是它的一種特點，而為其他武術所不能及的。

三、太極拳之進化說的二個問題

本節所提出的太極拳的進化說，就是想打算解決以下的二個問題：

㈠不論太極拳是否是張三豐氏所首創，開始時必定極簡單。即動作簡單，內容簡單，拳理簡單，應用簡單。具體地說，最初時拳式絕不會如現在的複雜。現在的太極拳式共有一百餘式，雖然中間有許多是雷同的，當初恐怕只有十幾式或幾十式。現在的太極拳是綿綿貫串，當初的恐怕式式分開。現在太極拳有盤架子、推手、活步、大攦、散手以及各種太極劍、刀、槍、棒等，當時的恐沒有這樣的全備。至於現在的拳理方面更非當時的太極拳前輩所能想像得到的。中間經過數百年或千餘年的遞變，由許多人之心血的累積，才能有如今日的「各備一格」。這是第一個問題。

㈡太極拳演進到成為今日的範圍及內容，是否可算至善至美，是否還有應該改良的地方。前曾有人根據太極拳的原理，而創設所謂「太極操」的運動。以為太極拳的拳式太繁複了，理論太深奧了，非普通人所能在短時期內學得會，學得成。於是將太極拳簡易化了而成「太極操」。並且又有所謂「太極棒」及「太極球」的發明。若將「太極操」作為太極拳的入門，也未始不是一種通俗化的辦法。若將「太極操」來代替普通學校中的四肢體操，也未始不是一種進步及表示對「太極拳」的提倡。不過這種種是不能算對太極拳的本身，有任何貢獻。對於這第二個問題，當須集體的研究，才會有所成就的。

附　錄

國術叢刊中有將中國的武術，分成以下各種：

一、拳　術

1. 拳　腳

(1)南派（柔和）導源於引導術，以武當為宗。支派有太極、八卦、形意等。

(2)北派（剛猛）屬於角牴及手搏等之流衍，以少林為宗。支派有彈腿、查拳、八翻、長拳、迷蹤、短打、地躺、八極、批掛及少林等。

2.摔角（或稱摜跤術。明有摔角大師陳元贇，曾以此術東流授日本人，日人稱之曰柔術）。

二、器 械

劍、槍、刀、棍、戟、鏜、叉、耙、鞭、鐧、錘、斧、鉤、鐮、抓、拐、弓箭、藤牌（合稱器械十八種。每種之中更各有不同的名目，如刀有單、雙、大、朴、斬馬等之分）。

（中國技擊之術，確實燦然大備，若再加點穴術等種種在內，真是「萬寶全書」，惜乎向來神而秘之，玄而玄之，並且門戶之見極重。直到科學昌明的今日，還是一團烏煙瘴氣！）

第四節 學習太極拳要做到「知行合一」

一、中國的三種知行學說

把「知」「行」分為兩件事，而且認為「知」在先「行」在後，及「知之匪艱，行之維難」，這是中國歷來一般人易陷的錯誤。明代王陽明氏的「知行合一」說，即專為矯正這種錯誤而發。

國父孫中山先生在革命的時候，眼見當時革命同人「奮勉之氣不勝畏難之心」（孫文學說第一章），於是又提倡「行易知難」的學說，以救其弊。

學習太極拳，我以為要做到「知行合一」。

二、王陽明的知行合一說

什麼叫做「知行合一」說？根據梁啟超氏的分析（梁任公全集王陽明的知行合一說），以為有三點意思：

㈠「未有知而不行者。知而不行，只是未知。」（傳集錄徐愛記）

㈡「知是行的主意，行是知的工夫；知是行之始，行是知之成。」（同上）

㈢「知行原是兩個字說一個工夫；知之真切篤實處便是行，行之明覺精察處便是知。」（文集答友人問）

徐愛問陽明：「今人盡有知得父當孝，兄當悌者。卻不能孝，不能悌，便是知與行分明兩件事。」

陽明答道：「如稱某人知孝，某人知悌，必是其人已曾行孝行悌，方可稱他知孝知悌。不成只是曉得說些孝悌的話，便可稱為知孝知悌？」（傳習錄徐愛記）。

梁氏舉例加以解釋說：「譬如現在青年們個個都自以為知道愛國，卻是所行所為，往往與愛國相反。常人以為他是知而不行，陽明以為他簡直未知罷了。若是真知道愛國，滋味和愛他的戀人一樣，絕對不會有表裏不如一的。所以得著『知而不行，只是未知』的結論。」

關於第二點，梁氏以為含有二種意思：

一只要你決心實行，則智識雖缺少些也不足為病。因為實行起來，便逼著你不能不設法求智識。智識也便跟著來了。這是「知是行之始」。

二除了實行外，再沒有第二條路得著智識。因為知識不是憑空可得的，只有實地經驗，行過一步，得著一點，再行一步，又得一點。一步不行，便一點不得。這是「行是知之成」。

所以如果你想知道西湖風景如何，讀盡幾十種西湖遊覽志便知道嗎？不！聽人講西湖的故事便知道嗎？不！閉目冥想西湖便知道嗎？不不。你要真知道，除非親自遊歷一回。

關於第三點，陽明說：「行之明覺精察處便是知，知之真切篤實處便是行。若行而不能精察明覺便是冥行，便是『學而不思則罔』，所以必須說個知。知而不能真切篤實，便是妄想，便是『思而不學則殆』，所以必須說個行。原來只是一個工夫」（答友人問）。所以知行應該合一而並進，才可無弊。

三、學習太極拳何以要「知行合一」

學習太極拳要做到「知行合一」，知了就行，行了就知。要在知中去行，更要在行中去知。知道了它的理論，更要切實地實行。與其紙上談兵，不如身體力行，愈行愈能夠知，愈知愈能夠行。

初學太極拳的人，照樣畫葫蘆，他是行中求知。逐漸的他知了行了，在知行合一的進展中，他的身體與功夫便跟著健康了前進了。

舉例來說，練拳時行動要「柔、勻、慢」，初學的人跟著照樣的做了，當然程度是十分初步的。逐漸的他懂得了怎樣是「柔、勻、慢」，怎樣能夠「柔、勻、慢」，及為什麼要「柔、勻、慢」，然後他便根據他所知道的去做了。在做的當中，他又知道了別的許多東西。然後他便又根據他所知道的去做了。這樣的做了懂了，懂了做了，他的功夫便無限量地前進了。

凡屬一種技術，知了而不去做，這種知是懸空的，是不真切的，就是「未知」。學習太極拳的人，若不去身體力行，不多多的在行中去做

功夫，那對身體還有什麼好處？知了而去實行，實行以後才可確定你所知的是否真確。若希望功夫有成，只能在知行合一中去求之。

「知行合一」說，如果若用現代哲學上的新名詞來說，就是理論與實踐的合一。理論可以領導實踐，但理論須在實踐中獲得充實。理論是從實踐中產生，實踐因理論而更得準確。未有準確的理論而不得實踐的。理論是實踐的開始，實踐是理論的完成。理論與實踐是應該合一，他們的發展，則是辯證法的。

本書在結束時，特為介紹「知行合一」說給讀者。學習太極拳要做到「知行合一」，希望學習的人能夠根據以上的分析及說明，舉一反三地加以運用。太極拳的理論（知）固然重要，但必須要身體力行（行）。所謂「拳不離手，曲不離口」，練拳是要練出來的，不只是說說而已。

附錄

本書主要的參考資料及有關太極拳術的書籍：

太極拳使用法	楊澄甫著	
太極拳術	陳微明著	（致柔拳社）
太極答問	陳微明著	（致柔拳社）
太極劍	陳微明著	（致柔拳社）
太極拳譜	武匯川著	
太極正宗	吳志宗著	（大東）
太極拳圖解	蔡翼中著	
太極劍圖說	金倚天著	（中西）

太極拳要義　黃元秀著（文信）
吳鑒泉氏的太極拳　陳振民　馬岳樑著（健康雜誌社）
太極拳講義　吳公藻著
太極拳淺說　徐致一著（太極拳研究社）
科學化的國術　吳圖南著（商務）
國術概論　吳圖南著（商務）
科學的內功拳　章乃器著（開明）
太極操　褚民誼著（大東）
國術叢刊　浙江省黨執委會編印
國術統一月刊及叢書各冊　姜俠魂編
國術與健康　沙古山著（中華）
運動生理學　蔡　翹著（商務）

運動生理　程瀚章著　（商務）

心理衛生與修養　馮順伯著　（商務）

心理衛生概論　章頤年著　（商務）

以下各書僅知其名，未拜讀。

太極拳勢圖解　許禹生著

太極拳　吳圖南著

太極拳練法的十二個基本要則　卞人傑著

太極拳與內家拳　唐　豪著

王宗岳太極拳經陰符鎗譜　唐　豪著

陳氏世傳太極拳　陳子明著

太極拳術　李壽籛著

太極拳刀劍桿散手合編　陳炎林著

國家圖書館出版品預行編目資料

太極拳術的理論與實際 ／ 黃壽宸　著
——初版，——臺北市，大展，2012〔民101.09〕
面；21公分 ——（老拳譜新編；10）
ISBN　978-957-468-898-2（平裝）
1.太極拳
528.972　　　　101013432

太極拳術的理論與實際

著　　者／黃 壽 宸
校 點 者／常 學 剛
責任編輯／王 躍 平
發 行 人／蔡 森 明
出 版 者／大展出版社有限公司
社　　址／台北市北投區（石牌）致遠一路2段12巷1號
電　　話／（02）28236031・28236033・28233123
傳　　眞／（02）28272069
郵政劃撥／01669551
網　　址／www.dah-jaan.com.tw
E-mail ／service@dah-jaan.com.tw
登 記 證／局版臺業字第2171號
承 印 者／傳興印刷有限公司
裝　　訂／建鑫裝訂有限公司
排 版 者／弘益電腦排版有限公司
授 權 者／山西科學技術出版社
初版1刷／2012年（民101年）9月

定價／200元

大展好書　好書大展
品嘗好書　冠群可期

大展好書　好書大展
品嘗好書　冠群可期